FACULTÉ DE DROIT DE POITIERS

DE LA SOCIÉTÉ

(Loi du 24 juillet 1867)

THÈSE POUR LE DOCTORAT

PAR

Gabriel de PIERRE DE VELLEFREY

PARIS

IMPRIMERIE DE E. DONNAUD

9, RUE CASSETTE, 9

1875

FACULTÉ DE DROIT DE POITIERS.

DE

LA SOCIÉTÉ

(LOI DU 24 JUILLET 1867).

THÈSE
POUR LE DOCTORAT

PAR

Gabriel de PIERRE de VELLEFREY.

L'ACTE PUBLIC SUR LES MATIÈRES CI-INCLUSES SERA SOUTENU

Le 23 Juillet 1875, à 3 heures.

PARIS
IMPRIMERIE DE E. DONNAUD
9, RUE CASSETTE, 9
1875

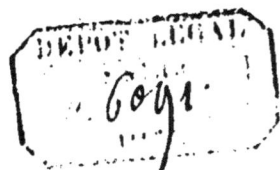

FACULTÉ DE DROIT DE POITIERS.

MM. LEPETIT, ✻, *doyen professeur de droit commercial.*
BOURBEAU, C. ✻, *doyen honoraire, professeur de procédure civile et de législation criminelle.*
RAGON ✻, *professeur de droit romain.*
MARTIAL PERVINQUIÈRE ✻, *professeur de droit romain.*
DUCROCQ, *professeur de droit administratif.*
ARNAULT DE LA MÉNARDIÈRE, *professeur de Code civil.*
LECOURTOIS, *professeur de Code civil.*
THÉZARD, *professeur de Code civil.*
NORMAND, *agrégé, chargé du cours de droit pénal.*
DE VAREILLES-SOMMIÈRES, *agrégé.*
PARENTEAU-DUBEUGNON, *agrégé.*

ARNAUD, *secrétaire agent comptable.*

COMMISSION :

PRÉSIDENT,	M. MART. PERVINQUIÈRE ✻, doyen intérim.		
SUFFRAGANTS,	DUCROCQ.		Professeurs.
	ARNAUL DE LA MÉNARDIÈRE.		
	NORMAND.		Agrégés.
	PARENTEAU-DUBEUGNON.		

A MA MÈRE.

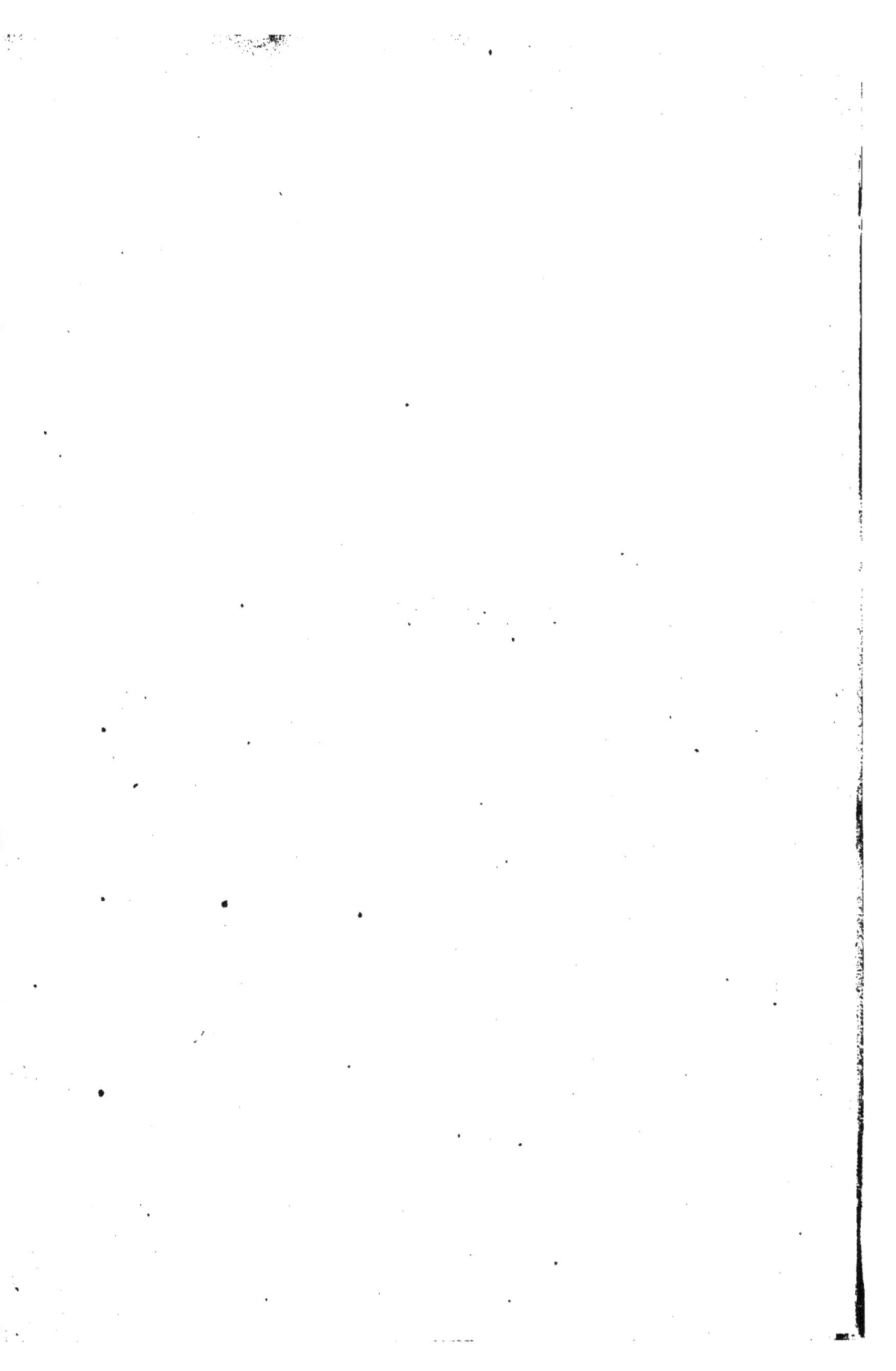

DROIT ROMAIN.

DE LA SOCIÉTÉ (au Digeste, *Pro socio*).

Les Romains, comme tous les autres peuples, ont subi le besoin de se réunir et de s'associer, sans avoir poussé aussi loin que les peuples modernes l'esprit d'association ; ils n'ont pas moins connu le contrat de société, et il était à Rome d'un usage assez fréquent.

Ce contrat faisait partie de la classe de ces contrats que l'on appelait consensuels ; non pas que dans les autres, le consentement ne fût pas exigé, mais parce qu'il ne suffisait pas et qu'il fallait encore des formes solennelles. Dans les contrats qui se forment *consensu*, le consentement suffit à la perfection du contrat, sans que des formes solennelles viennent s'y adjoindre.

On peut définir la société : un contrat consensuel par lequel deux ou plusieurs personnes s'engagent à mettre quelque chose en commun, pour l'exploiter, partager les bénéfices qui en résulteront, et supporter les pertes.

Avant d'entrer dans les détails du contrat de société, il importe d'abord de bien différencier la société de la simple communauté.

La société, pour exister, exige l'*affectio socie-
talis*, l'intention de s'associer; la communauté,
au contraire, n'exige pas le consentement des
parties, c'est un état de fait qui résulte, par
exemple, d'un legs fait à plusieurs personnes.
Cette distinction entre la société et la communauté présente un intérêt véritable. Ainsi, les
communistes sont unis entre eux par des liens
plus réels que personnels; il s'ensuit que si un
communiste vend sa part d'indivision, son acquéreur lui succédera dans tous ses droits.

Supposons, au contraire, un associé qui aliène
sa part dans la société, son acquéreur ne devient
pas associé; car le lien qui unit les associés entre
eux est personnel.

La mort n'empêche pas la communauté de subsister; elle met fin à la société.

Voyons maintenant quelles sont les conditions
essentielles à l'existence de la société.

Trois conditions découlent de la définition que
nous avons donnée plus haut. Il faut un apport,
une part dans les bénéfices, un but licite.

L'apport peut consister en choses corporelles
ou incorporelles, et parmi ces dernières, il faut
comprendre l'industrie de l'un des associés, qui
est souvent l'apport le plus utile. L'apport peut
consister, soit dans la pleine propriété de la chose,
soit dans l'usufruit seulement.

Sans apport, il n'y a pas de société, si donc,
l'un des associés était admis au partage des bénéfices, quoi qu'il n'ait fait aucun apport, il y aurait

donation et non société. Les apports peuvent être
de nature diverse ; si la convention des parties
n'a pas réglé la quotité des apports, ils devront
être égaux. Chaque associé doit avoir une part
dans les bénéfices, ou du moins, l'expectative
d'une part ; il peut fort bien se faire que la participation aux bénéfices soit pour l'un des associés
conditionnelle, tandis qu'elle est pure et simple
pour les autres.

La loi 44 à notre titre, nous montre une société
où, pour l'un des associés, la participation aux
bénéfices est soumise à une condition. Voici l'hypothèse de cette loi : Je vous confie une pierre
précieuse pour la vendre ; si vous m'en tirez dix,
vous me donnerez cette somme intégralement ;
si vous en tirez davantage, le surplus vous appar-
tiendra.

D'après la loi 29 à notre titre, il peut parfaitement se faire que l'un des associés ne supporte
aucune part dans les pertes, quoique participant
aux bénéfices. Cela pourrait avoir lieu notam-
ment pour l'associé qui apporte son industrie. Le
Code civil a consacré la doctrine contraire ; en
droit français, tout associé doit supporter une
part dans les pertes.

Le gain ou la perte ne se calculent naturellement que sur le résultat total des opérations de
la société.

Quant au partage des bénéfices et à la part con-
tributive à supporter dans les pertes, deux hypothèses peuvent se présenter : les parties ont ré-

glementé le partage ; dans ce cas, on suivra la convention à cet égard. Les parties, au contraire, n'ont pas réglémenté le partage ; chaque associé prend une part virile dans les bénéfices et sup- porte une part virile des pertes. Ceci résulte clai- rement de la loi 29 à notre titre, qui, en parlant des parts, dit : *æquas eas esse constat*, et cela, sans s'occuper si les apports sont ou non égaux. L'ar- gument que l'on tire des lois 6 et 80 à notre titre et que l'on nous oppose, n'a aucune valeur ; car, ces lois s'occupent du cas où les parties s'en sont rapportées à un arbitre pour fixer les parts, cas dont nous allons parler.

Les parties ont pu avoir recours à un arbitre pour la fixation des parts ; on présume alors que les parties ont voulu que les parts fussent pro- portionnelles aux mises.

Si l'arbitre a été nommément désigné par les associés, et, qu'ensuite, il refuse de faire les parts ou qu'il se trouve dans l'impossibilité de les faire, la société n'existe pas : *nihil agitur*, dit la loi 75 à notre titre.

Ici, il est, en effet, certain que si les associés ont consenti à contracter, c'est qu'ils savaient que c'était telle personne qui devait effectuer le partage, ils n'auraient probablement pas consenti à entrer dans la société, si cette personne n'avait pas été arbitre.

Il en serait tout autrement si l'arbitre n'avait pas été désigné, mais qu'on eût stipulé d'une façon générale, qu'on nommerait un arbitre pour

effectuer le partage. Quand même l'arbitre que
l'on désignerait viendrait à refuser, la société n'en
serait pas moins valable. Si l'arbitre remplissait
mal sa mission, nous croyons que l'on pourrait
lui retirer son mandat, comme à tout mandataire
ordinaire.

La société ne se comprenant pas sans la possibilité d'existence des bénéfices communs, nous
n'admettons pas qu'il y ait société dans l'espèce
prévue au livre troisième des *Institutes :* Deux voisins ont chacun un cheval ; comme ils ne peuvent
pas labourer avec un seul cheval, ils se prêtent
mutuellement leur cheval pendant un certain
temps. Nous disons que, dans cette hypothèse,
il n'y a pas de société ; car, il ne résulte de cette
espèce d'association aucun bénéfice commun ;
c'est simplement un contrat innomé.

Il faut non-seulement qu'il y ait bénéfice commun, mais que l'avantage procuré par la société
soit appréciable en argent ; aussi, des sociétés de
charité, ou ayant un but scientifique, ne consti-
tueraient pas des sociétés dans le sens légal du
mot.

La troisième condition essentielle dans toute
société est un but licite : car *rerum inhones tarum,
nulla est societas* (loi 75 à notre titre.) Ainsi, une
société formée pour pratiquer l'usure ou pour
commettre des vols serait nulle. Quels seront les
effets produits par une société de cette nature?
Pour résoudre la question, il faut distinguer si les
choses sont encore entières ou non. Si les choses

sont entières, chacun reprendra son apport par la *condictio sine causa*; si, au contraire, la société a fonctionné, on appliquera la règle *in pari causa, melior est causa possi dentis*; c'est-à-dire, que les associés qui auront fait des gains les garderont, sans que leurs coassociés puissent rien leur en réclamer, et que ceux qui auront éprouvé des pertes, les subiront sans pouvoir réclamer aucune indemnité des autres associés. Cependant, chacun pourra retirer son apport.

La société a des rapports nombreux avec d'autres contrats; il faut la bien distinguer d'eux.

Aussi, la loi 52 à notre titre prévoit le cas où un fonds est mis en vente; deux propriétaires de fonds voisins conviennent ce qui suit : Primus achètera le fonds à vendre, à la condition d'en céder à Secundus la partie qui borde sa propriété. Secundus, sans attendre que Primus ait acheté le fonds, l'achète lui-même. Sera-t-il tenu de céder à Primus la partie contiguë au fonds de ce dernier? Non, si c'est un contrat de mandat qui est intervenu entre eux; oui, si c'est un contrat de société. Nous croyons que pour résoudre la question, il faut examiner si Secundus a eu, en contractant, l'intention d'agir, dans l'intérêt de Primus et aussi dans le sien propre. Si la réponse est affirmative, il y aura contrat de société.

DES DIVERSES ESPÈCES DE SOCIÉTÉS.

On distingue plusieurs espèces de sociétés ; la société de tous biens présents ou futurs, la société universelle de gains, la société *unius negotiationis*, et, enfin, les sociétés ayant pour objet le fermage et le recouvrement des impôts, appelées par les jurisconsultes romains *societates vectigales*.

Dans la société de tous biens, tous les biens des associés tombent en commun (l. 1. al. 1, *Pro. soc.*) L'associé doit apporter tout ce qu'il a, et l'apport se trouve réalisé sans tradition. Cependant, pour les créances, une *cessio* serait nécessaire. La société doit payer les dettes des associés, fournir à leurs dépenses et à celles de leurs enfants.

Tous les risques sont communs, puisque les associés sont copropriétaires.

La société universelle de gains se compose des gains faits par chaque associé.

La société *unius negotiationis* a pour but un objet spécial, cette espèce de société peut varier à l'infini.

Quant à la société *vectigalis*, elle est formée entre personnes qui afferment à l'État, moyennant une certaine somme, le recouvrement de l'impôt ; c'est pourquoi la loi romaine accorde à cette société des immunités qu'elle refuse aux sociétés en général, Elle formait une personne morale pouvant acquérir et posséder. (Loi 1. *Quod cujus-cumque universitatis*). La mort de l'un des associés ne dissolvait pas la société, elle continuait avec les autres associés survivants, ou même avec les héritiers de l'associé prédécédé.

Quelques auteurs modernes ont prétendu, qu'en droit romain, les sociétés formaient des personnes morales. Comme nous venons de le dire, nous pensons que les sociétés vectigales avaient seules ce privilége, ainsi que quelques autres sociétés. La loi 1, *Quod cujus cumque universitatis*, que nous avons déjà citée, vient à l'appui de notre opinion ; elle dit : que certaines sociétés, seulement, jouissaient de l'avantage de former des corps moraux et cette loi les énumère ; ce sont : les sociétés vectigales, celles qui ont pour but les exploitations de mines d'or ou d'argent, ou la fondation et l'exploitation d'une boulangerie. En dehors de ces exceptions, aucune société ne formait de personne morale.

Les auteurs qui soutiennent l'opinion contraire se fondent principalement sur la loi 22 *De fidejussoribus* et *mandatoribus* au digeste et sur la loi 3, paragraphe 4 *De bonorum possessionibus* ; mais ces deux textes ne viennent point à l'appui de leur opinion, car ils ont précisément en vue ces sociétés, dont parle la loi 1, *Quod cujus cumque* qui formaient par exception des corps moraux.

Quand il y a doute sur la question de savoir quelle espèce de société ont entendu former les parties, il faut, aux termes de la loi 7 *Pro socio*, décider que c'est une société universelle de gains.

La raison de cette solution est fort simple, la société *totorum bonorum* est une chose trop rare et trop grave pour qu'on la présume, elle doit résulter de la volonté des parties clairement exprimées et non de simples inductions.

Que faut-il décider du cas où les parties n'ont pas dit si les choses qu'elles apportaient, appartiendraient à la société en pleine propriété, ou en usufruit? La question présente-t-elle un intérêt pratique? Évidemment, si les choses sont apportées en pleine propriété, la perte de l'une d'elles n'entraînera pas la dissolution de la société; si, au contraire, elles sont apportées en usufruit seulement, la perte de l'une d'elles mettra fin à la société; car la disparition de cette chose a mis l'associé qui en était propriétaire dans l'impossibilité d'en prêter l'usage, et la société devra être dissoute. La loi 58 à notre titre prévoit le cas, mais elle ne résout pas la question.

Quant à nous, nous croyons qu'on doit trancher la question en ce sens : que les parties ont entendu apporter à la société la pleine propriété des choses. Cependant, s'il résultait des circonstances de fait, que les associés ont entendu n'apporter que l'usage de la chose, rien ne s'opposerait à ce qu'on interprétât le silence des parties en ce sens ; car, la règle que nous avons posée ne s'applique qu'autant qu'aucun autre moyen ne permet de décider la question des effets du contrat de société.

La première obligation de chaque associé, après la constitution de la société, est de réaliser l'apport qu'il a promis ; il en est débiteur, il est en demeure et responsable à ce titre de toute faute.

Si la chose apportée par l'associé l'est en pleine propriété, et qu'elle périsse par cas fortuit, c'est la société qui supporte la perte : à moins toutefois que ce ne soit une chose de genre, cas auquel la perte serait pour l'associé ; car, *genera non pereunt.*

Si la chose n'est apportée qu'en usufruit, la perte sera pour l'associé, qui se trouvera dans l'imposibilité de procurer à la société la jouissance de sa chose.

Si l'associé a promis d'apporter son industrie, la loi 27· à notre titre dit que cet associé devra apporter dans la gestion des affaires sociales la même diligence qu'à ses propres affaires, et que ses coassociés ne pourront s'en prendre qu'à eux-mêmes s'il n'est pas diligent ; car ils sont en faute de s'être adjoint un tel auxiliaire.

C'est par la tradition que la propriété des apports est transférée à la société ; il faut, cependant, faire exception à cette règle pour la société *totorum bonorum* : « In societate omnium bonorum, omnes res quæ contium sunt, continuo, communicantur (l. 1, al 1 *Pro soc.*) » On voit par ce texte, que la tradition n'est pas nécessaire dans cette société pour opérer le transfert de propriété; quant aux créances, la règle de la loi première ne leur serait pas applicable, il faudrait dans tous les cas une cession. Nous en dirons autant des biens futurs, pour lesquels la tradition est nécessaire.

Toutes les pertes sont communes entre les associés, sauf celles que l'un d'eux devrait supporter par suite de sa faute ou de sa négligence. Que faut-il décider dans le cas où l'associé qui gère les affaires de la société a employé à son usage les sommes appartenant à la société?

La loi 60 *Pro socio* tranche la question, en décidant que le gérant qui est en demeure doit, non-seulement les intérêts légaux de la somme qu'il a employée à son usage ou qu'il a placée, mais que de plus, il doit les dommages-intérêts. On a prétendu que l'associé ne devait les dommages-intérêts, qu'autant qu'il avait employé les deniers sociaux à son usage: nous pensons, au contraire, que dans ces mots : « *cum ea pecunia ipse usus sit.* » le mot *cum* n'est pas limitatif, et, qu'en conséquence, la loi s'applique également au cas où l'associé a placé la somme.

Les associés se doivent la garantie des apports qu'ils ont effectués. Si l'associé a fait un apport consistant en la pleine propriété, et que la société vienne à en être évincée, il lui devra des dommages-intérêts; si l'éviction est totale, cet associé cessera de faire partie de la société. Si l'apport dont la société est évincée ne consiste que dans l'usage, l'éviction aura lieu pour effet de faire cesser la société.

Il faudrait bien se garder d'appliquer ces règles aux sociétés *tutorum bonorum*; là, l'associé n'a rien spécifié, la société ne peut lui demander que la cession de ses actions contre les tiers; nous allons maintenant examiner quelles modifications subiront ces rapports, selon que la société aura un mandataire ou n'en aura pas; que ce mandataire sera un des associés, ou un étranger.

Le mandataire de la société peut être un tiers qui lui est complétement étranger; dans ce cas, il s'établira entre elle et lui des rapports identiques à ceux qui s'établissent entre tout mandant et son mandataire, Si, au contraire, le mandataire est un associé et qu'il ait été nommé lors de la constitution de la société, il s'ensuit que la société est censée contractée sous cette condition et en vue de ce mandataire, et, qu'en conséquence, son mandat est irrévocable. Si l'associé n'avait été nommé mandataire qu'après la constitution de la société, son mandat serait révocable comme un mandat ordinaire; mais, dans les deux cas, la responsabilité de l'associé mandataire s'apprécie suivant les règles de la société, et non suivant celles 'du mandat ordinaire. Pour se rendre un compte exact des rapports de la société avec les tiers, quand elle a un mandataire, il faut se rappeler qu'en droit romain, le mandat produit des effets différents de ceux qu'il produit en droit français. En droit romain, le mandataire ne représente pas la personne du mandant ; il contracte en son nom, et les tiers avec lesquels il traite ne connaissent pas le mandant. Cela résulte de ce principe, qu'à Rome on ne peut ni promettre ni acquérir pour autrui ; ce n'est qu'au moyen des actions *adjecti-tiæ qualitatis*, que les actions acquises par les tiers contre le mandataire rejailliront contre les associés mandants; mais alors, ces derniers seront tenus solidairement : cela résulte des lois 4 Dig. l. XIV et de la loi 1, alinéa 25, Dig. *eod. tit.* Il en serait autrement si la société n'avait point eu de mandataire et que les associés eussent contracté collectivement ; comme la solidarité ne se présume pas, ils n'eussent pas été tenus solidairement. Quelle est donc la raison de cette différence ? On n'a pas voulu que les tiers qui avaient contracté avec un seul individu, le mandataire de la société, fussent ensuite obligés de diviser leurs recours entre les divers associés.

Quand les tiers ont contracté avec les associés, la situation est différente, ils ont su à quoi ils s'engageaient, les associés ne peuvent plus être tenus solidairement.

En droit romain, les associés même faisant le commerce, n'étaient jamais tenus solidairement, à moins de conventions spéciales. Il n'y a que les membres des sociétés vectigales qui, d'après certains auteurs, étaient tenus solidairement vis-à-vis du fisc, encore, la question est-elle vivement controversée. La nécessité de recouvrer facilement le produit des impôts ferait comprendre et admettre cette exception à la règle générale. L'associé qui contracte seul n'engage pas ses coassociés, si ces derniers ne lui ont pas donné mandat ; mais, si la société a profité du contrat passé entre le tiers et l'associé, si par exemple, la somme a été versée dans la caisse sociale, elle sera tenue envers ce dernier, sans jamais être obligée vis-à-vis du tiers avec lequel l'associé a traité.

On a soutenu l'opinion contraire et pour la justifier, on s'est appuyé sur la loi 82 à notre titre ; mais, comme le dit Cujas, il ne s'agit pas dans cette loi, de savoir si les associés sont tenus directement avec le tiers, qui a contracté avec un de leurs coassociés dépourvu de mandat, mais, s'ils sont obligés envers ce même coassocié quand la somme a été versée dans la caisse sociale, et Papinien répond que dans ce dernier cas, ils sont tenus envers l'associé qui a contracté sans mandat.

Nous venons de supposer que l'associé qui a agi sans mandat a contracté avec un tiers ; supposons maintenant qu'il ait fait des dépenses pour la chose commune et demandons-nous dans quelle mesure il obligera ses coassociés. Si ce sont des dépenses nécessaires, il pourra forcer ses coassociés à y contribuer (loi 12 Dig. l. X 3, et loi 52, al. 13 Dig. l. XVII 2). Quant aux dépenses utiles et voluptuaires, nous pensons qu'elles doivent rester à la charge de l'associé qui les a faites sans mandat.

L'associé au lieu de faire des dépenses pour conserver les choses sociales, détourne ces choses de
leur usage : nul doute que, dans ce cas, il ne soit
tenu de dommages-intérêts envers ses coassociés.

Quand les associés se donnent les uns aux
autres mandat d'administrer, ils s'obligent réciproquement.

Nous venons de voir quels sont, à l'égard de
la société, les effets des contrats ordinaires passés
par un associé ; examinons maintenant ce que
vaudra vis-à-vis des autres associés le contrat
par lequel l'un d'eux associerait à sa part une
tierce personne.

Les lois 19 et 20 de notre titre répondent à
la question par ces mots : *socii mei socius, meus
socius non est*, l'associé de mon associé n'est pas
mon associé : d'où nous devons conclure que
l'association formée entre l'associé et cette personne tierce, est une société parfaitement distincte de la société principale. Du fait que c'est
une société distincte, nous devons conclure que les
profits faits par le sous-associé ne seront partagés
qu'avec l'associé qui se l'est adjoint, et qu'il en
sera de même des pertes. Si le sous-associé avait
causé quelque dommage à la société, celle-ci
devrait en demander la réparation, non pas au
sous-associé mais à l'associé. En droit français,
ce sous-associé a reçu un nom spécial ; on l'appelle *croupier*.

Si un associé a vendu la portion indivise qu'il
a dans une chose sociale, l'acheteur ne pourra

pas demander lo partago, si son vendeur n'eût pas
pu le demander lui-même ; il succède, en effet,
identiquement dans les mêmes droits.

DE L'ACTION PRO SOCIO.

L'action *pro socio* est ce qu'on appelle en droit
romain une action de bonne foi ; elle laisse donc
au juge une grande latitude d'appréciation.

Cette action a plsieurs objets. Par elle, on ob-
tient la réalisation des apports promis, elle sert
à forcer l'associé, qui a commis un dommage au
préjudice de la société, à le reparer ou a lui faire
communiquer un gain, ou à obtenir le rembourse-
ment d'impenses nécessaires. Elle présente deux
caractères qui lui sont particuliers; l'associé condamné en vertu de cette action, ne l'est envers les
autres que jusqu'à concurrence de ses moyens, *in
id quantum facere potest* ; c'est ce que l'on appelle
le bénéfice de compétence; les jurisconsultes romains avaient été amenés à ce résultat par cette
idée que la société créait entre les associés un
certain lien de fraternité. (Dig. *Pro socio*, loi 63,
alinéas 1 à 3).

De plus, l'associé qui avait été condamné en
vertu de l'action *pro socio* était noté d'infamie
par l'édit du préteur (Dig. *Qui not. infam.*).

On peut intenter l'action *pro socio*, aussi bien
à la fin que durant la société, mais, elle ne peut
jamais avoir pour objet le partage d'une propriété

indivise; aussi une autre action est donnée aux associés pour sortir de l'indivision, c'est l'action *communi dividundo*. Les créances n'étant pas susceptibles d'adjudication, l'action *communi dividundo* ne s'y appliquait pas; les associés devaient recourir à l'action *pro socio* pour obtenir ce qui leur revenait dans les créances.

On avait, quelquefois, le choix entre ces deux actions, sans pouvoir jamais les cumuler. Ainsi, si nous supposons qu'il y avait dans une société des choses appartenant aux associés par indivis, les impenses faites à propos de ces choses peuvent être réclamées par l'action *communi dividundo* ou par l'action *pro socio*. On peut encore employer l'action *legis Aquiliæ*, dans le cas où un associé a endommagé une des choses de la société.

DES MODES D'EXTINCTION DE LA SOCIÉTÉ.

Nous avons examiné comment se constitue la société, comment elle fonctionne une fois constituée; voyons maintenant comment elle prend fin.

La société finit *ex personis, ex rebus, ex voluntate, ex actione*.

Examinons en particulier chacun de ces modes de dissolution.

La société finit *ex personis* quand un des associés meurt. Elle finit *ex rebus*, quand on a atteint le but qu'on s'était proposé en formant la société, ou que, par suite d'un événement quelconque, le fonds social a péri. Elle finit *ex voluntate*, quand les associés sont d'avis de dissoudre la société. Nous étudierons plus loin les distinctions qu'il faut faire selon que la société a un terme de fixé, ou n'en a pas.

Quant au mode de dissolution *ex actione*, il est assez difficile de savoir ce que la loi 63, § 10, a entendu par ces mots; cependant, on peut les expliquer en disant que la société finit *ex actione*, toutes les fois qu'il y a procès sur la renonciation que l'un des associés fait à la société.

L'arrivée du terme et de la condition sont encore deux modes de dissolution de la société.

Si un terme a été fixé, peu importe que la société n'ait pas réalisé toutes les opérations pour lesquelles elle a été constituée; l'arrivée du terme y mettra fin quand même; mais elle pourra être prorogée du consentement unanime des associés. Quand la société a un terme, les associés ne peuvent renoncer à la société qu'en donnant des motifs sérieux et pour des causes véritablement déterminantes; au contraire, quand la société a été constituée, sans qu'on ait fixé de terme à sa durée, chacun peut sortir de la société quand il le juge à propos, pourvu que sa renonciation ne soit ni de mauvaise foi ni inopportune.

La renonciation est de mauvaise foi, quand elle est faite par un associé qui espère, par ce moyen, s'approprier à lui seul tous les bénéfices d'une opération; ainsi, un associé renonce à sa société parce qu'il prévoit qu'une hérédité va lui être déférée et qu'il veut en profiter seul (loi 65, al. 3, *Pro soc..*).

La renonciation serait inopportune ou intempestive si elle intervenait au milieu d'une opération qu'on serait obligé d'interrompre brusquement au risque de faire éprouver des dommages à la société.

La renonciation peut être expresse ou tacite (loi 64 et loi 65 *Pro socio*).

Quel est le motif qui a fait adopter deux solutions contraires pour la renonciation, selon que la société a un terme de fixé pour sa durée ou n'en a pas? Comme la société repose sur la confiance que les associés ont les uns dans les autres, le législateur n'a pas voulu qu'un associé fût forcé de rester dans une société dont la durée n'est pas limitée, et peut, par conséquent, être indéfinie. Une semblable obligation eût empêché beaucoup de personnes de s'associer et eût rendu la vie insupportable à celles qui se seraient trouvées engagées dans ces sortes de sociétés. La même raison n'existe pas pour les sociétés dont la durée a un terme fixé; là chacun sait parfaitement ce à quoi il s'engage en entrant en société. La mort de l'un des associés est une cause de dissolution du contrat de société; car, on n'a peut-être contracté qu'en vue de l'associé qui vient de mourir; c'était sur son intelligence et son habileté que l'on comptait pour mener l'entreprise à bonne fin. On peut éviter ce résultat en convenant que la mort

de l'un des associés ne mettra pas fin à la société
(loi 65, al. 9, *Pro socio*).

La *maxima* et la *media capitis diminutio* mettent
aussi fin à la société.

Peut-on convenir que la société continuera
avec les héritiers de l'associé prédécédé? Non,
dit la loi 59 *Pro socio*; ou les héritiers de l'associé
sont connus, ou ils ne le sont pas ; s'ils sont inconnus, la clause est nulle, parce qu'elle est faite
au profit de personnes incertaines ; s'ils sont connus, la clause est encore nulle, parce qu'on
ne peut pas, au moyen d'un contrat de société,
gêner l'un des associés dans sa liberté de rester.

Dans une société *vectigalis*, cette clause était
parfaitement valable (loi 52, al. 1, *Pro socio*).

Bien que les héritiers des associés ne fassent
pas partie de la société, la dissolution de cette
dernière n'en produit pas moins des effets à leur
égard. Toutes les actions actives et passives
passent aux héritiers ; ils sont tenus de toutes les
obligations qui résultent de l'état de communauté.

Si des opérations sont commencées, ils doivent
les terminer, mais ils ne doivent pas en recom-
mencer de nouvelles.

La société finit encore par la *publicatio*, la
sectio, et l'*emptio bonorum* de l'un des associés.
La *sectio bonorum* était une vente en masse des
biens faite au profit du fisc ; elle avait lieu quand
le condamné était *proscriptus*. L'*emptio bonorum*

avait lieu au profit des créanciers contre le débiteur insolvable.

Dans ces ventes, comme dans la confiscation des biens (*publicatio*), c'était une espèce de succession qui s'ouvrait et qui faisait perdre à l'associé qui en était l'objet sa personnalité juridique; il était, en quelque sorte, mort pour la société; on comprend donc parfaitement qu'elle se trouvât dissoute par ce fait.

LOI DU 24 JUILLET 1867

SUR

LES SOCIÉTÉS COMMERCIALES.

La loi du 24 juillet 1867 traite des sociétés en commandite par actions, des sociétés anonymes, et enfin des sociétés à capital variable. Avant d'entrer dans les détails de cette loi, il est bon d'examiner rapidement quelle a été la législation antérieure sur les sociétés, quels sont les principes fondamentaux du contrat de société; puis nous étudierons la loi de 1867.

HISTORIQUE.

La société en commandite par actions était inconnue dans notre ancien droit, la commandite par intérêt était seule en usage à cette époque.

Le Code de commerce, le premier, posa les bases de la commandite par actions dans l'article 38 qui dit : « Le capital des sociétés en commandite pourra être aussi divisé en actions. »

La commandite par action était aussi introduite dans notre droit, mais elle était complétement abandonnée à elle-même sans aucune réglementation. L'innovation des rédacteurs du

Code de commerce produisit de bons effets, en ce qu'elle développa l'esprit d'association, mais elle fut aussi la source de nombreux abus.

L'absence complète de réglementation favorisa l'agiotage et encouragea les fraudes de toutes sortes; aussi, souvent, des actionnaires trop crédules furent trompés par des spéculateurs habiles. Frappé de ces graves inconvénients, le gouvernement présentait, en 1838, un projet de loi portant abolition de la commandite par actions. Ce projet, fruit de l'impression du moment, fut bientôt abandonné, et ce ne fut qu'en 1856 que le gouvernement, effrayé de nouveau des abus entraînés par la commandite par actions, résolut d'y porter remède. Il présenta un projet de loi, qui, tout en réglementant la commandite par actions, et en essayant de prévenir les abus, ne supprimait pas cependant la commandite par actions comme on le voulait en 1838. La loi de 1856 a restreint dans une notable proportion le nombre des sociétés en commandite. Sans vouloir entrer dans les détails de cette loi que nous ne nous sommes pas proposé de traiter, nous indiquerons en peu de mots le plan général du législateur :

1° Il a restreint la liberté illimitée dont jouissaient les fondateurs de sociétés en commandite par actions ;

2° Il a puni des faits qui, jusqu'alors, ne tombaient pas sous le coup de la loi.

3° Il a réglé la procédure à suivre dans les cas

où les commanditaires ont un intérêt collectif à soutenir contre le gérant ou le conseil de surveillance.

Telle est la loi qui, jusqu'en 1867, a régi la commandite par actions.

A la différence de la société en commandite par actions, la société anonyme était connue dans l'ancien droit. Le Code de commerce lui a consacré quelques articles, mais il n'a pas suffisamment développé les règles relatives à cette société. Comme elle n'offrait pas comme la commandite un gérant responsable, les rédacteurs du Code trouvèrent bon de la soumettre à la nécessité de l'autorisation du gouvernement (art. 37). La société anonyme étant une pure réunion de capitaux, abstraction faite de tout élément personnel, présente pour les entreprises qui nécessitent des capitaux considérables et qui doivent durer longtemps, une supériorité incontestable sur la commandite par actions. Aussi voyons-nous la forme anonyme seule employée par les compagnies de chemins de fer et par toutes les sociétés qui réunissent les deux caractères dont nous venons de parler.

En 1863, le gouvernement fit adopter les lois des 9 et 23 mai, la première abrogeait les articles 27 et 28 du Code de commerce ; la seconde créait une nouvelle espèce de société adoptée déjà depuis plusieurs années en Angleterre ; c'était la société à responsabilité limitée.

Cette société qui n'avait pas produit de bien bons effets chez nos voisins, n'en produisit pas de meilleurs chez nous, et c'est avec raison que la loi de 1867 a abrogé la loi du 23 mai 1863.

DU CONTRAT DE SOCIÉTÉ. RÈGLES GÉNÉRALES.

L'association désigne la collection d'efforts individuels. Sans elle, l'homme, quelle que soit sa fortune, ne pourrait jamais entreprendre la réalisation de travaux tels que ceux que l'on a effectués depuis plusieurs années. La société permet de réunir une masse énorme de capitaux et de ne faire courir à chaque associé que des chances de pertes limitées. On peut définir la société, un contrat par lequel, deux ou plusieurs personnes conviennent de mettre quelque chose en commun, dans la vue de partager le bénéfice qui pourra en résulter.

Pour qu'il y ait société, il faut :

1° Un apport. On peut dire, en thèse générale, que toutes choses corporelles ou incorporelles peuvent servir d'apport. Un associé peut n'avoir comme apport que son crédit. Il est bien entendu qu'il ne s'agit ici que du crédit commercial. L'apport peut consister soit dans la pleine propriété d'une chose, soit dans l'usufruit de cette même chose.

La société, quand il s'agit de corps certains, en

est propriétaire au moment où le contrat s'est formé. Si, au contraire, il s'agit de quantités, la tradition est nécessaire.

Tout associé doit la garantie de son apport à la société. L'associé qui ne réalise pas l'apport promis peut y être contraint; si c'est une somme d'argent, l'associé est de plein droit débiteur des intérêts du jour où il devait fournir la somme, et cela sans préjudice des dommages-intérêts, s'il y a lieu;

2° Il faut que la société se propose de réaliser des bénéfices.

Il suit de là que les sociétés de bienfaisance, les cercles, etc., ne constituent pas des sociétés dans le sens légal du mot, car on ne se propose pas dans ces associations de réaliser des bénéfices. Il en est de même des sociétés d'assurances mutuelles contre l'incendie; en effet, elles sont créées pour éviter des pertes et non pour réaliser des bénéfices.

Les bénéfices doivent provenir directement de la société.

Tout associé, devant toucher une part des bénéfices, doit, par voie de conséquence, supporter une part dans les pertes. On ne peut pas attribuer à un associé la totalité des bénéfices; il est également impossible d'affranchir un associé de toute chance de perte; mais on peut convenir que l'associé ne risquera que son apport, et ne sera pas tenu sur tous ses biens.

Un associé peut supporter dans les pertes une part différente de celle qu'il prend dans les bénéfices.

Les associés peuvent même s'en rapporter à un tiers pour la fixation des parts. Si le partage des bénéfices et la contribution aux pertes n'ont pas été réglés par les associés, la part de chacun doit être proportionnelle à sa mise.

Si l'industrie d'un associé n'a pas été estimée, elle sera censée égale à la plus petite mise.

3° L'objet de la société doit être licite ; ainsi, une société formée pour faire la contrebande n'aurait pas un objet licite.

Quand la société illicite n'a pas fonctionné, elle est nulle pour le passé et pour l'avenir, chacun peut reprendre son apport. Quand elle a fonctionné, il faut décider que les bénéfices resteront entre les mains de celui qui les possédera, et que les pertes demeureront à la charge de celui qui les aura subies, car *in pari causa, melior est causa possidentis.*

4° Pour qu'il y ait société, il faut de plus que les parties aient eu l'intention de former une société, leur intention sur ce point est fort importante à consulter.

Il faut bien distinguer la société de la communauté. La communauté se forme sans convention, par exemple : par le fait d'une société à plusieurs personnes. Ce qui différencie surtout la société de la communauté, c'est l'esprit des parties. Il est

tout actif dans la société, tout passif dans la com-
mauté.

DE LA CAPACITÉ EN MATIÈRE DE SOCIÉTÉ.

Pour la capacité nécessaire à l'associó, il faut
distinguer suivant que l'associó se soumet à une
responsabilité indéfinie, ou que sa responsabilité
est limitée à la mise qu'il apporte.

Quand l'associé n'est qu'actionnaire, il n'y a
en quelque sorte qu'un placement d'argent, d'où
on peut conclure que pour prendre des actions
d'une société le pouvoir d'administrer suffit; le
tuteur, le mineur émancipé, la femme séparée,
peuvent donc prendre des actions. Mais il en est
autrement quand l'associé se soumet à une responsabilité illimitée; dans ce cas, il faut qu'il soit
capable de s'obliger. L'incapacité de certaines
personnes, relativement au droit d'entrer en société, peut être levée; l'incapacité de certaines
autres ne peut pas l'être.

Ainsi, le mineur et la femme mariée peuvent
être autorisés à entrer en société; les interdits,
les prodigues et les faibles d'esprit ne le peuvent
pas. Mais ici se présente une question : le mineur
ou la femme mariée autorisés à faire le commerce,
peuvent-ils, par là même et sans autre autorisation, s'associer avec d'autres? Nous croyons que
non : car autre chose est de faire le commerce

pour son compte, ou de le faire avec un tiers dont
on supportera la mauvaise gestion.

Quid juris d'une société contractée avec un mineur non autorisé? Dans ce cas, l'incapable pourra
demander la nullité de la société, mais la partie
capable ne pourra pas, car elle est en faute d'avoir
contracté avec un mineur.

L'incapable peut-il s'associer avec la personne
chargée de l'autoriser? Pour le mineur nous dé-
cidons que non ; le mineur est en effet atteint
d'une incapacité naturelle qui rend nécessaire la
protection de la loi ; or, cette protection n'aurait
aucune efficacité si la personne chargée d'autoriser le mineur n'était pas désintéressée.

La femme mariée, au contraire, n'est atteinte
que d'une incapacité légale, aussi le mari peut-il
très-bien autoriser la femme à faire un acte dans
son intérêt personnel à lui mari, l'art. 1431 du
Code civil le prouve d'une façon certaine; aussi
nous admettons que le contrat de société est permis entre époux.

DE LA PREUVE.

Toutes sociétés doivent être constatées par
écrit, dit l'article 1834 du Code civil. L'écrit n'est
pas exigé *ad solemnitatem*, mais seulement *ad
probationem* et quand il s'agit de plus de cent cinquante francs. Cet article a voulu prohiber les anciennes sociétés taisibles. Il faut considérer les

apports des associés pris ensemble pour apprécier si le total dépasse cent cinquante francs, et se placer à l'origine de la société pour estimer la valeur de chaque apport. L'acte constatant la société peut être sous seing privé ou authentique.

Pour les sociétés commerciales, l'acte peut être également sous sein privé ou authentique, mais il est exigé à peine de nullité.

Nous venons d'étudier les principes généraux en matière de société; nous allons maintenant, avant d'entrer dans l'explication de la loi du 24 juillet 1867 sur les sociétés par actions, donner quelques notions sur *l'intérêt*, sur *l'action* et enfin sur *l'obligation*.

DE L'INTÉRÊT ET DE L'ACTION.

L'action, de même que l'intérêt, est une part d'associé; c'est le droit que chaque associé acquiert dans la société en échange de son apport. L'intérêt et l'action donnent un droit à une partie des bénéfices pendant la durée de la société et à une partie du fonds social à la dissolution de la société. Tels sont les points de ressemblance de l'intérêt et de l'action, mais ils diffèrent sous plusieurs rapports.

L'action est sensible, l'intérêt ne l'est pas.

L'associé qui a un intérêt dans une société ne peut pas y faire entrer un tiers à son lieu et place; l'actionnaire le peut. C'est là la différence capi‑

tale entre l'intérêt et l'action. L'action est en général de même valeur pour tous les associés, de cinq cents francs, je suppose : l'intérêt est, au contraire, le plus souvent de quotité différente pour chacun. En un mot, l'action a l'égalité de coupure, l'intérêt ne l'a pas.

Quand une société par actions se fonde, on détermine d'abord le capital, puis on le fractionne en parties égales qui sont ordinairement de cinq cents francs, qui peuvent être d'une valeur beaucoup supérieure, mais qui ne doivent pas descendre au-dessous de cent francs.

L'égalité de valeurs des actions permet de les coter à la Bourse, elle rend en outre le partage des bénéfices beaucoup plus commode, et donne la possibilité de compter facilement le nombre de voix que chaque actionnaire doit avoir à l'assemblée général.

Une fois les actions créées, il faut les émettre, c'est-à-dire les offrir au public. Cette émission se fait directement par les fondateurs de la société ou par l'intermédiaire d'un banquier. Ce dernier peut n'être qu'un simple mandataire chargé de placer les actions, mais il peut aussi avoir pris l'émission à forfait; dans ce cas il l'a fait à ses risques et périls. Quand les souscripteurs ont pris l'engagement de payer le montant total des actions par eux souscrites, on dit que le capital social est souscrit.

Quand le montant de l'action a été versé, on dit alors que l'action est libérée.

Chaque actionnaire a un titre détaché de l'acte de société, ce titre est nominatif, quand il constate qu'un droit dans la société appartient à telle personne déterminée. Il est au porteur, quand il constate qu'un droit dans la société appartient à celui qui sera nanti du titre. Le titre peut aussi affecter la forme à ordre. Le titre au porteur se soumet, transmet de la main à la main on lui applique l'article 2279 du Code civil : en fait de meubles possession vaut titre. Quant au titre nominatif, il faut que le propriétaire en soit régulièrement dessaisi; ce dessaisissement résulte d'une déclaration sur les registres de la société ; elle s'appelle transfert. On distingue trois transferts : *le transfert réel, le transfert de forme et le transfert de garantie.*

Le transfert réel est le transfert ordinaire. J'ai dix actions, je les vends à *Primus*, c'est un transfert réel.

Je suis, au contraire, propriétaire de vingt-cinq actions, mais je désire n'en vendre que dix. Il y a transfert de forme pour quinze. Le transfert de garantie sert à constituer les titres de gage.

Un actionnaire a le droit de faire transformer ses titres nominatifs en titres au porteur.

L'actionnaire a un droit mobilier, quels que soient les biens possédés par la société.

En parlant des obligations, nous indiquerons les différences qui séparent l'actionnaire de l'obligataire.

Le payement des bénéfices se constate pour les titres au moyen d'un timbre que l'on appose sur une des cases du titre. Pour les titres au porteur ce payement s'effectue sur la présentation du coupon que l'actionnaire a dû préalablement détacher du titre.

Les bénéfices se comptent par année, mais se payent généralement tous les six mois.

On distingue deux sortes de coupons : le coupon d'intérêt et le coupon de dividende. Le premier représente les intérêts du montant nominal de l'action, le second représente le montant des bénéfices réalisés par la société et attribués à chaque action. Il peut se faire qu'un associé ait droit au coupon d'intérêt et n'ait pas droit au coupon de dividende ; cela a lieu, quand l'actionnaire n'est arrivé qu'après coup alors que la société était déjà florissante et que les statuts n'accordent aux nouveaux associés aucune part dans les bénéfices. Réciproquement, certains associés n'ont droit qu'à un coupon de dividende ; ce sont ceux qui n'ont apporté que leur industrie, ou, qui ayant effectué tout autre apport, ont vu leurs actions amorties.

Dans chaque société, le capital social va se diminuant, et à la dissolution de la société les actionaires ne retrouveraient pas leur capital intact, si l'amortissement n'était pas là pour porter remède à cette déperdition du fonds social. Chaque année la société distrait une part de ses bénéfices pour former un fonds d'amortissement, et avec ce fonds elle rembourse annuellement un certain nombre d'actions déterminées par la voie du tirage au sort; c'est cette opération que l'on appelle *amortissement*. Si l'action amortie est remboursée à cinq cents francs, alors qu'elle est cotée à sept ou huit cents francs, l'actionnaire propriétaire de l'action amortie aura droit au coupon du dividende pour la somme excédant le pair.

DES OBLIGATIONS.

Une société peut avoir besoin d'argent, divers procédés peuvent lui en fournir ; mais le plus usité consiste à faire appel au public et à lui offrir des titres remboursables dans un certain délai, à une somme supérieure à celle de l'émission, et produisant un intérêt fixe qui est de 3 p. 0|0 ordinairement. Ainsi le titre est offert à 300 francs, et il est remboursable à 500 dans un certain délai. Les titres sont numérotés; tous les ans on en tire au sort un certain nombre et on les rembourse; c'est l'amortissement des obligations. On s'est demandé si l'émission d'obligations faite dans les conditions que nous venons d'indiquer, ne constituait pas un prêt usuraire ; il faut, en effet, moins considérer ici ce que touche le créancier, que ce que paie le débiteur; et, en examinant l'ensemble des opérations, on voit que la société ne paie pas en définitive un intérêt supérieur à 6 p. 0|0. Mais il en serait autrement si l'émission avait lieu à deux cent quarante ou à deux cent soixante francs, et que les obligations soient remboursables à cinq cents francs dans un délai très-court : ce fait pourrait alors constituer un contrat usuraire et tomber sous le coup de la loi de 1807. On s'est encore demandé si l'émission d'obligations ne constituait pas une sorte de loterie et ne violait pas par là-même la loi de 1836 ? Nous ne le pensons pas ; ici, on ne risque pas comme dans une loterie de tout perdre ; on peut gagner plus ou moins, mais en somme chacun fait un placement sérieux et même avantageux.

L'action et l'obligation se ressemblent par la forme du titre, par l'émission, par la cession, mais elles diffèrent profondément l'une et l'autre par leur nature juridique.

L'actionnaire est un associé, l'obligataire est un créancier ; l'actionaire est le débiteur de l'obligataire.

Celui qui souscrit une obligation fait un acte civil, celui qui souscrit une action fait un acte de commerce.

L'obligataire a droit aux intérêts stipulés, aussi son revenu est fixe ; l'actionnaire n'a droit qu'à sa part dans les bénéfices, aussi son revenu est variable et subordonné à l'état plus ou moins prospère de la société. Pour les actions, l'amortissement est chose prudente, mais purement facultative ; pour les obligations, au contraire, l'amortissement est obligatoire, c'est une dette, il faut la payer.

DES SOCIÉTÉS EN COMMANDITE PAR ACTIONS.

La loi nouvelle, comme nous l'avons déjà dit
en faisant l'histoire des sociétés par actions, a eu
pour but de mettre fin à l'agiotage qui s'était particulièrement attaché aux sociétés en commandite par actions et qui avait amené les plus grands
désastres financiers. Pour arriver à ses fins, le
législateur a pris une série de mesures restricti-
ves s'appliquant surtout au temps où la société
se constitue, ou cherche à se constituer; et à
l'émission et à la négociation des actions. C'est
à cette époque de formation que pour attirer le
public, les spéculateurs véreux déploient toute
leur habilité et mettent en jeu toutes les ruses et
toutes les machinations pour atteindre leur but
qui peut se résumer en deux mots : encaisser l'argent après avoir trompé les actionaires.

Il est une classe de gens plus particulièrement
destinée à être trompée par les fondateurs de sociétés; ce sont ces souscripteurs peu fortunés, qui
ne disposant que d'une somme fort minime, sont
d'autant plus fascinés par l'espoir des gains considérables que l'on ne manque jamais de leur promettre. Aussi, pour parer à cet abus, l'article 1er
décide que les sociétés en commandite par actions
ne peuvent diviser leur capital en actions ou coupons d'actions de moins de cent francs, lorsque
ce capital n'excède pas deux cent mille francs;

et de moins de cinq cents francs, lorsqu'il est supérieur à deux cent mille francs. On ne verra plus
de cette façon des sociétés offrir aux petits souscripteurs des actions de dix ou même d'un franc,
qui étaient plutôt, comme on l'a fort bien dit, des
billets de loterie. La fixation du capital social reste
toujours parfaitement libre, mais son fractionne-
ment est réglé par la loi. Ce n'est qu'à partir de
la constitution de la société, que les actions sont
acquises aux souscripteurs et leur sont distribuées;
or, la société n'est constituée qu'après la souscription de la totalité du capital, et le versement
par chaque actionnaire du quart au moins des actions par lui souscrites.

Cette disposition prévient une fraude qui se
pratiquait sous l'empire du Code de commerce,
ce dernier permettait aux fondateurs de déclarer
la société constituée, dès qu'un certain nombre
d'actions auraient été souscrites. Il s'ensuivait
que les fondateurs, voulant à tout prix constituer
la société plaçaient ces actions entre les mains de
gens la plupart du temps insolvables, et que la
société, commençait à fonctionner avec un capital
insuffisant ou même illusoire.

Si les souscriptions n'atteignaient pas le montant du capital, on ne pourrait se contenter de
la somme trouvée qu'à la condition que tous les
intéressés fussent d'accord; la simple majorité ne
suffirait pas.

Du principe que le capital doit être entièrement souscrit il résulte; qu'on ne peut plus dé-

livrer des actions à primes ; actions qu'on donnait autrefois gratuitement à certains associés; qu'on ne peut pas convenir que l'actionnaire sera libéré par le versement du quart ; que la stipulation que l'on n'émettra qu'une portion du capital, et que le gérant émettra l'autre portion dans la suite, comme bon lui semblera, est illicite.

Le capital une fois formé appartient à la société et devient le gage des tiers, qui contractent avec elle.

L'obligation pour chaque actionnaire, de verser immédiatement le quart du montant total des actions par lui souscrites, tend à éloigner de la société tous les souscripteurs qui désirent, non pas faire un placement sérieux, mais simplement réaliser une prime et revendre. On eut pu exiger le versement total du capital, ce qui eût encore mieux éloigné les souscripteurs dont nous venons de parler ; mais outre le temps, toujours assez long, nécessaire pour réaliser de suite la totalité du capital, cet excès de prudence fût devenu fatal à beaucoup de sociétés. En effet, au commencement, la totalité du capital n'est pas nécessaire au fonctionnement de la société, une partie serait donc restée improductive dans la caisse sociale, ce qui eût été une perte; ou aurait été employée par le gérant en opérations souvent complétement étrangères au but de la société et presque toujours périlleuses, ce qui eût constitué une source de dangers pour la société. Le législateur a donc sagement agi en n'exigeant que le versement

du quart. Le versement du quart de l'action doit-
il forcément être effectué en espèces, ou le souscripteur peut-il se libérer au moyen d'une *datio
in solutum* ? Nous pensons que le payement doit
être effectué en espèces et qu'elles ne pourraient
pas être remplacées par des titres ou des effets de
commerce. Ce dernier mode de paiement présen-
terait cet inconvénient grave ; c'est qu'il pourrait
se faire que les effets ne fussent pas payés à
l'échéance et que la société se trouvât obligée
d'exercer un recours contre le souscripteur ; ce
qui amènerait des frais, des lenteurs et ne rem-
plirait pas le vœu de la loi, qui désire que les
sociétés en commandite aient dès le commencement un capital suffisant. Il ne faut pas oublier
que chaque souscripteur devant verser le quart
du montant total des actions par lui souscrites,
la loi serait violée, si l'on se contentait du quart
du capital social provenant de ce que certains
actionnaires ont versé plus du quart de leur souscription ; tandis que d'autres n'ont rien versé du
tout.

La loi ne se contente pas de ces précautions,
elle exige en outre que la souscription et le versement soient constatés par une déclaration du
gérant dans un acte notarié ; et elle fait de cette
déclaration une des conditions nécessaires à la
constitution de la société. A cette déclaration,
sont annexés la liste des souscripteurs, l'état des
versements effectués, l'un des doubles de l'acte
s'il est sous seing privé, et une expédition s'il

est notarié et s'il est passé devant un notaire autre que celui qui a reçu la déclaration.

L'acte sous seing privé, quel que soit le nombre des associés, sera fait en double original, dont l'un sera annexé, comme il est dit au paragraphe qui précède, à la déclaration de souscription du capital et de versement du quart, et l'autre restera déposé au siége social (art. 1).

Le notaire doit se borner à recevoir la déclaration du gérant, il n'a pas à en vérifier l'exactitude, mais on pourra contrôler la déclaration du gérant par la liste des souscripteurs et l'état des versements qui y sont annexés.

Le dernier alinéa de l'article 1er lève les doutes qui auraient pu s'élever sous la loi de 1856 au sujet du nombre des originaux nécessaires quand l'acte de société est sous seing privé. On pouvait, en effet, se demander si les membres du conseil de surveillance ne pouvaient pas être considérés comme ayant un intérêt distinct de ceux des associés et du gérant, et si, par suite l'acte de société sous seing privé ne devait pas être rédigé en trois originaux. Aujourd'hui le doute n'est plus possible, et nous croyons que le législateur a tranché la question conformément aux principes: car, si les membres du conseil de surveillance ont des devoirs spéciaux, ils n'ont pas un intérêt différent de celui des autres associés.

Il arrive souvent que l'un des fondateurs de la société, quelquefois même un simple associé, effectue un apport en nature, ou stipule à son profit un avantage particulier.

Sous l'empire du Code de commerce, les apports en nature et les stipulations d'avantages particuliers avaient été la source de nombreux abus.

Les fondateurs d'une société déclaraient apporter une usine, un immeuble ou un brevet d'invention; ils estimaient cet apport à un prix fort élevé, les souscripteurs ne songeaient pas la plupart du temps à vérifier l'exactitude de cette déclaration et la société payait cent ou deux cent mille francs ce qu'elle ne revendait pas vingt mille. La loi de 1856 s'était déjà occupée de cette situation, et pour y remédier, elle avait décidé que les apports en nature seraient évalués et la cause des avantages particuliers appréciée. Deux assemblées d'actionnaires] étaient chargées de concourir à cette opération. La première faisait procéder à l'évaluation des apports en nature et à l'appréciation de la cause des avantages stipulés; la seconde admettait ou repoussait l'évaluation. Ces deux assemblées pouvaient se tenir le même jour; il en résultait que la vérification se faisait fort rapidement, que les actionnaires ne se rendaient pas compte de la position, et que la seconde assemblée qui se tenait quelques instants après la première, approuvait toujours l'évaluation proposée par les fondateurs.

La loi de 1867 a, dans son article 4, reproduit le même système que la loi de 1856, seulement elle

y a ajouté certaines mesures destinées à assurer
l'efficacité du contrôle que les actionnaires doivent
exercer. Les deux assemblées ne peuvent plus être
tenues le même jour; la seconde ne peut avoir
lieu qu'autant qu'un rapport a été imprimé et
tenu à la disposition des actionnaires cinq jours
avant au moins. Les intéressés ont donc, au minimum, cinq jours avant la seconde délibération
pour étudier le rapport, prendre leurs informa-
tions et se concerter entre eux si le besoin s'en
fait sentir. Les délibérations sont prises par la
majorité des membres présents.

Cette majorité doit comprendre le quart des
actionnaires et représenter le quart du capital
social en numéraire.

Les associés, qui ont fait les apports en nature
ou stipulé les avantages particuliers soumis à la
vérification et à l'appréciation de l'assemblée,
n'ont pas voix délibérative.

A défaut d'appréciation, la société reste nulle
à l'égard de toutes les parties. L'approbation ne
fait pas obstacle à l'exercice ultérieur de l'action
qui peut être intentée pour cause de dol ou de
fraude.

Les dispositions du présent article relatives à
la vérification de l'apport qui ne consiste pas en
numéraire, ne sont pas applicables au cas où la
société à laquelle est fait ledit apport, est formée
entre ceux seulement qui en étaient propriétaires
par indivis (art. 4). Si l'assemblée générale ne
réunissait pas les deux majorités dont parle notre

article, nous pensons qu'il serait impossible d'aller plus loin ; la société ne pourrait pas se constituer. En effet, la loi ne dit pas qu'on puisse convoquer une seconde assemblée, nous devons donc interpréter son silence en ce sens qu'elle n'autorise pas la convocation d'une autre assemblée.

Dans l'assemblée chargée de vérifier les apports, chaque actionnaire n'a qu'une voix, quel que soit le nombre de ses actions. La loi n'a pas voulu que les souscripteurs porteurs d'un grand nombre d'actions puissent faire la loi aux petits actionnaires; d'un autre côté, elle a contre-balancé l'influence du nombre en exigeant que la majorité représente le quart en numéraire. Il arrivera souvent que les statuts réglementeront l'assemblée générale chargée de vérifier les apports.

Quoi qu'on ait pu dire, cette réglementation ne peut pas lier les actionnaires, puisque la société n'est pas encore constituée et que par conséquent les statuts ne sont pas encore en vigueur. On s'est demandé, si les règles relatives à la majorité nécessaire pour vérifier les apports, sont applicables à la majorité de la première assemblée chargée d'ordonner la vérification ? Nous pensons que non, et que la simple majorité d'une voix suffit, sans qu'il s'y ajoute une majorité en numéraire. La seconde assemblée, par son vote, engage en quelque sorte l'avenir de la société ; le vote de la première assemblée n'a point cette conséquence.

Si l'assemblée rejette les évaluations faites dans les statuts, la société reste nulle à l'égard de toutes les parties. Cependant, il pourrait se faire que l'assemblée réduisît l'évaluation faite dans les status et que les fondateurs acceptassent cette réduction. Dans ce cas, la majorité liera-t-elle la minorité, ou faudra-t-il le consentement de tous les actionnaires? Nous pensons que le consentement de tous les associés est indispensable; car c'est peut-être en vue de ces apports en nature, que les associés absents de l'assemblée générale, sont entrés dans la société; ils considéraient que les apports tels qu'ils étaient évalués par les statuts étaient indispensables au fonctionnement de la société. Aujourd'hui, qu'il est reconnu que cette évaluation était mensongère, ces associés n'ont plus la même raison de rester en société, et une majorité de quelques voix ne peut pas leur enlever la liberté de se retirer.

On a fait contre l'art. 4 une objection assez grave. Cet article, a-t-on dit, viole la règle fondamentale, qui veut que la convention fasse la loi des parties, et voici comment. L'actionnaire, en souscrivant, a, par là même, approuvé les diverses clauses des statuts qu'il est censé connaître; il a donc jugé que les apports faits en nature, ou que les avantages stipulés n'étaient ni trop fortement évalués, ni excessifs.

Comment se fait-il qu'il trouve aujourd'hui empreint d'exagération, ce qui ne l'a pas empêché de souscrire hier, et pourquoi la loi lui permet-

elle de se délier ainsi de ses engagements? Trans-
portée dans la matière des commandites ordinaires, l'objection serait juste; là, chaque associé
est à même de se renseigner sur la valeur des
apports de ses coassociés, et l'intérêt personnel
plus directement mis en jeu, est un sûr garant
qu'on ne s'engagera pas à la légère.

Dans les commandites par actions, la situation
est toute différente, l'actionnaire ne connaît que
ce que les prospectus ont bien voulu lui faire
connaître, et la difficulté de s'éclairer est souvent
si grande, que, placé entre l'espoir d'un gain
onsidérable et les conseils de la prudence, le souscripteur, craignant de laisser échapper une oc-
casion de gagner, se laisse facilement séduire.

C'est contre ce premier entraînement que la
loi a voulu le protéger, en lui permettant de re-
venir sur une détermination prise à la hâte. Réunis en assemblée générale, les actionnaires pourront s'éclairer mutuellement; ils entendront les
fondateurs de la société, ils étudieront enfin le
rapport qui leur sera présenté; s'ils ne le font pas,
ils ne devront s'en prendre qu'à eux-mêmes d'a-
voir été trompés. Comme on le voit, l'exception
que l'art. 4 fait au droit commun est basée sur
une pensée juste, et l'importance des intérêts pro-
tégés par notre article la justifie pleinement.

L'article 4 contient une dernière disposition
qui se comprend aisément. Il déclare, dans son
dernier paragraphe, que les prescriptions relatives aux apports en nature ne s'appliquent pas

au cas où la société à laquelle est fait ledit
apport est formée entre ceux seulement qui en
étaient propriétaires par indivis. Il n'y a pas ici
de fraude possible, chacun connaît parfaitement
la valeur de l'apport, la protection de la loi eût
donc été inutile.

DES TITRES.

Nous venons d'étudier quelles sont les conditions nécessaires à la constitution des commandites par actions, nous allons maintenant passer
en revue les règles qui président à la négociation
des titres des sociétés en commandite par actions
et des sociétés anonymes, car les dispositions
suivantes sont communes à ces deux espèces de
sociétés.

Les actions et coupons d'actions sont négociables après le versement du quart (art. 2).

Cet article serait assez difficile à expliquer, si
l'on ne se reportait à la législation antérieure,
et si l'on ne fixait pas le sens que la loi attache
au mot : *négociables*.

Sous l'empire de la loi de 1856, les actions et
coupons d'actions n'étaient négociables qu'après
le versement des deux cinquièmes. Le législateur
de 1867 a voulu faciliter la négociation des actions et coupons d'actions, et il a réduit le versement nécessaire à un quart de la valeur de l'action. Comme la société n'est constituée qu'après

le versement du quart, il en résulte que les actions et coupons d'actions sont négociables aussitôt que la société est constituée.

Par ce mot, *négociables*, la loi n'a point voulu dire que les promesses d'actions n'étaient pas cessibles par les moyens du droit civil, tels que legs ou donations. Une pareille prohibition n'eut pas été possible, car la nécessité de partager un héritage, une faillite peuvent rendre indispensable la cession de ces promesses d'actions par les moyens du droit civil. Ce que la loi a voulu empêcher, c'est la cession par les voies commerciales : le transfert ou l'endossement, par exemple. Et, en effet, il ne faut pas perdre de vue que le but de la loi de 1867, c'est d'éviter les spéculations qui se produisaient toujours à la naissance des sociétés, c'est d'écarter les agioteurs. On comprend facilement que, quand il faut faire un versement d'un quart, avant de pouvoir employer les voies de négociations commerciales, l'agiotage se trouve singulièrement entravé. Aussi, c'est principalement cette disposition de la loi de 1867 que les faiseurs d'affaires ont le plus violemment attaquée.

Nous devons maintenant examiner quelques questions relatives à la responsabilité des souscripteurs d'actions, de leurs cessionaires et enfin des porteurs.

L'article 3 a eu la prétention de trancher ces questions, mais comme on pourra s'en convaincre, son texte fort obscur n'a pas apporté grande lumière pour la solution de ces questions.

Ces questions peuvent se ramener à trois : 1° le souscripteur qui garde son action, est-il indéfiniment responsable des trois quarts qui restent à verser? 2° s'il vend son action, son cessionnaire sera-t-il personnellement tenu du versement de trois quarts ? 3° *quid juris* si ce cessionaire vend l'action à une autre personne?

Si l'on examine la question au point de vue des principes, on est conduit à décider que les cessionnaires sont tenus du versement des trois quarts. En effet, le cessionaire en recevant l'action, a acquis tous les droits qui dérivent d'elle ; il doit donc subir toutes les charges qui y sont attachées et qui peuvent se résumer dans le payement de la somme promise.

Quant au souscripteur, on ne comprendrait vraiment pas qu'il pût se délier de l'obligation qu'il a contractée, et l'on ne voit pas comment le versement du quart pourrait l'exempter de la responsabilité du payement des trois autres quarts. Pour le souscripteur qui n'a pas aliéné son action, la responsabilité existe, il n'y a pas de doute. En est-il de même pour celui qui l'a aliénée? Nous répondons afirmativement, car il n'a pas pu par sa propre volonté se soustraire à ses engagements en vendant son titre.

Cette doctrine a soulevé de vives contradictions dans le monde juridique et des affaires.

On a soutenu que le cessionnaire devait être

substitué au souscripteur dans, tous les droits et charges, et un arrêt de la cour de Paris du 22 mai 1852 a consacré cette doctrine.

Bien plus, on est allé jusqu'à soutenir qu'il n'y avait que l'action seule qui était tenue, de sorte que la société, à défaut de payement, n'avait qu'une ressource, celle de faire vendre les actions à la Bourse. De cette façon, l'actionnaire pouvait toujours se décharger du payement de la grande partie du capital social.

Tels sont les principes ; examinons maintenant ce qu'ont fait les législateurs de 1856 et 1867.

La loi de 1856 décidait : 1° que les actions restaient nominatives jusqu'à entière libération; 2° que les souscripteurs d'actions étaient nonobstant toute stipulation contraire, tenus du payement total des actions par eux souscrites ; 3° que les actions et coupons d'actions ne seraient négociables qu'après versement des deux cinquièmes.

Le système de la loi de 1856 était juste, mais il pouvait dans la pratique gêner beaucoup certaines sociétés, où le capital ne sert en quelque sorte que de garantie, comme les sociétés d'assurances contre l'incendie.

L'article 1er du projet de la loi de 1867 portait que dans les sociétés en commandite, les souscripteurs d'actions sont responsables du montant total des actions par eux souscrites, qu'il ne peut être dérogé à cette prescription que par les statuts constitutifs de la société et jusqu'à concur-

rence de la moitié de chaque action. Le principe
est plus large que celui de la loi de 1856, puisqu'il permet une stipulation contraire. La commission du corps législatif proposa de décider,
qu'au cas où les statuts le permettraient, et une
fois le versement de moitié opéré, il n'y aurait
plus d'obligation personnelle pour qui que ce fût et
que l'action seule serait tenue. Après une discussion fort obscure, tous les projets et amendements
furent rejetés. Alors la commission et le conseil
d'État rédigèrent l'article 3 tel qu'il est passé
dans la loi.

L'article 3 déroge à deux principes dont il ne
parle pas. Ces deux principes sont : 1° que le
souscripteur, qu'il ait ou non cédé son action, les
cessionnaires successifs et le porteur sont personnellement tenus de la totalité de l'action;
2° que les actions doivent rester nominatives jusqu'à entière libération.

La dérogation à ces principes est soumise à
certaines conditions par le législateur ; pour
qu'elle soit possible, il faut : 1° qu'une clause des
statuts constitutifs de la société le permette;
2° qu'il y ait eu un versement d'au moins moitié;
3° que l'assemblée générale ait décidé qu'il y a
lieu de faire usage de la clause. Il faut une clause
des statuts constitutifs, car l'existence de titres au
porteur influe sur le fonctionnement de la société;
si les titres ne sont pas libérés, la consistance du
fonds social est moins grande, puisqu'on ne sait à
qui on adressera les demandes d'argent. Si les ti-

tres sont libérés, la forme au porteur n'en permet pas moins une beaucoup plus grande spéculation.

Il faut qu'il y ait versement de moitié, c'est-à-dire, que chacun ait versé la moitié du montant de la souscription. Ce versement de moitié est une garantie qu'on aura que des actionnaires sérieux.

Il faut que l'assemblée générale ait décidé qu'il y a lieu d'user de la clause. Cette mesure assure l'exécution des deux premières dont nous venons de parler, et elle permet à l'assemblée d'examiner si la société est susceptible de fonctionner avec des titres au porteur.

Examinons maintenant trois hypothèses différentes et voyons quelle est celle où notre article est applicable.

1° Les statuts constitutifs sont muets sur la question de conversion des titres. Dans ce cas, pas de conversion possible jusqu'à l'entière libération. On s'est demandé si dans l'espèce qui nous occupe, les actionnaires pourraient à l'unanimité modifier les statuts, et y insérer la clause permettant la conversion? Nous ne le pensons pas; il résulte, en effet, clairement des mots *statuts constitutifs* de l'art. 3, que la loi n'a pas entendu donner aux actionnaires le pouvoir d'insérer cette clause dans les statuts, par une modification ultérieure;

2° Les statuts autorisent la conversion, mais

l'assemblée refuse de la voter. Dans ce cas encore
pas de conversion possible.

La clause permettant la conversion existe dans
les statuts, il y a eu versement de moitié, l'assemblée décide qu'il y a lieu de faire usage de la
clause. C'est le cas prévu par l'art. 3. A partir de
cette délibération on peut dire, en thèse générale,
que le titre seul est débiteur.

Toutefois, nous allons voir en étudiant la responsabilité des souscripteurs et des cessionnaires,
que la loi fait exception à ce principe.

Et d'abord, aux termes de notre article, les
souscripteurs primitifs sont encore responsables
des versements qui restent à effectuer, pendant
deux ans. Nous ne croyons pas qu'il faille admettre
ici la distinction que font certains auteurs entre
les souscripteurs nantis des titres, et les souscripteurs qui les ont aliénés ; distinction sur
laquelle ils se fondent pour décider, qu'au bout
des deux ans, les souscripteurs nantis des titres
sont libérés, et que ceux qui les ont aliénés sont
encore tenus. Nous pensons que, le délai de deux
ans expiré, tous les souscripteurs sans distinction
sont libérés.

Quant aux cessionnaires, on peut les diviser
en trois catégories : 1° ceux qui ont traité avant le
versement de moitié; 2° ceux qui ont traité après
ce versement de moitié, mais avant la libération
autorisant la conversion; 3° ceux qui ont traité
après la délibération.

La première et la dernière catégorie n'offrent

pas de difficulté, la première est tenu pendant
deux ans encore, la dernière est libérée ; mais
quid juris des cessionnaires de la seconde catégorie? Nous pensons qu'ayant traité avant la
délibération, ils sont tenus pendant deux ans.
Le texte de la loi n'autorise, en effet, à distinguer
que deux espèces de cessionnaires, ceux qui ont
traité avant la délibération, et ceux qui ont traité
après. Les premiers sont tenus, les seconds sont
libérés.

Nous ne pouvons mieux faire, en terminant,
que de citer le passage où M. Beudant résume en
quelques mots toute la théorie renfermée dans
l'art. 3 : « Les souscripteurs d'actions sont tenus
personnellement et sur tous leurs biens, au payement total des actions par eux souscrites; en cas
de cession, les cessionnaires successifs et le porteur sont tenus concurremment avec les souscripteurs. Les actions doivent rester nominatives
jusqu'à leur complète libération. Néanmoins, il
peut être stipulé, mais seulement dans les statuts constitutifs de la société, que l'assemblée générale pourra, par un vote spécial, après versement de la première moitié, autoriser la conversion des actions en actions au porteur. A partir
du vote autorisant la conversion, soit que les actions restent nominatives, soit que les actionnaires se fassent délivrer des titres au porteur, les
actions seules sont débitrices des versements non
effectués. Toutefois, les souscripteurs primitifs
et les cessionnaires auxquels les actions avaient

été cédées avant le vote de conversion resteront
encore personnellement tenus pendant un délai
de deux ans. »

DU CONSEIL DE SURVEILLANCE.

Dans la société en commandite, le gérant est
seul juge de la direction à imprimer à l'administration. Responsable indéfiniment, il ne doit
être forcé d'obéir à aucune volonté étrangère. Le
législateur de 1867, comme celui de 1856, n'a
pas changé les pouvoirs attribués au gérant, mais
tout en lui laissant une grande liberté d'action
au point de vue administratif, il a jugé prudent
de ne pas enlever aux commanditaires tout moyen
de contrôle.

Dans cette pensée, il a emprunté à la loi de
1856 l'institution des Conseils de surveillance,
déjà adoptée par la pratique antérieure, mais qu'il
a régularisée et investie de pouvoirs capables
d'assurer l'efficacité du contrôle.

Le conseil de surveillance chargé de contrôler
le gérant ne devait naturellement pas émaner de
lui, si l'on voulait que son action fût sérieuse ; il
devait être composé d'associés, afin que le besoin de sauvegarder leurs intérêts fut pour les
membres du Conseil un stimulant. C'est la voie
qu'a suivi le législateur de 1867, il donne à l'assemblée générale des actionnaires le droit de

nommer les membres du conseil de surveillance
et il ne permet de les prendre que parmi les actionnaires. L'institution des Conseils de surveillance a-t-elle eu en principe tous les heureux résultats qu'en attendait le législateur ? On n'oserait
l'affirmer ; mais, enfin, si les actionnaires n'usent
pas, comme, ils le devraient, de la ressource que
la loi a mise à leur disposition, ils ne peuvent
s'en prendre qu'à eux-mêmes.

Le Conseil de surveillance doit se composer de
trois membres au moins. On s'est demandé ce
qu'il faudrait décider, si la société ne comprenait
que deux actionnaires et le gérant ? Nous pensons que la société n'en serait pas moins valable,
puisque la loi ne fixe pas pour les sociétés en
commandite, comme nous le verrons plus tard
pour les sociétés anonymes, un minimum d'actionnaires

Le conseil de surveillance n'est utile que par
l'impossibilité où l'on se trouve de faire exercer
le contrôle par tous les commanditaires à la fois.
Dans l'espèce que nous examinons, il n'y a pas le
même inconvénient, puisqu'il n'y a que deux
commanditaires. Rien ne s'oppose à ce qu'ils con-
trôlent leur gérant.

Aux termes de l'art. 5, ce conseil est nommé
par l'assemblée générale des actionnaires immédiatement après la constitution définitive de la
société et avant toute opération sociale. Il est soumis à la réélection aux époques et suivant les
conditions déterminées par les statuts. Toute-

fois, le premier conseil n'est nommé que pour
une année.

La loi ne fixe pas le maximum de temps pendant lequel les membres du Conseil de surveillance pourront rester en fonctions, les statuts
sont souverains à cet égard. La loi de 1856, au
contraire, décidait que le conseil de surveillance
serait renouvelé tous les cinq ans. Les membres
du Conseil sont indéfiniment rééligibles, ce qui
permet de maintenir dans le conseil les membres
d'une habileté reconnue et qui, par la connaissance qu'ils ont des affaires de la société, sont
plus à même d'exercer un contrôle efficace que
de nouveaux arrivants. Le mandat confié aux
membres du Conseil est tout personnel, il est fondé
sur leur talent et surtout sur l'estime que leurs
co associés ont pour eux ; il suit de là qu'ils ne
peuvent pas se faire représenter au conseil par un
tiers. Par exception, le premier conseil n'est
nommé que pour un an, la loi a voulu donner
aux actionnaires le moyen de réparer prompte-
ment la faute qu'ils auraient pu commettre en
nommant un Conseil composé de membres inca-
pables et peu zélés.

C'est surtout à la première réunion, où l'on ne
se connaît pas encore, qu'il est facile de faire de
mauvais choix. L'art. 6 confie à ce premier conseil une tâche fort importante, celle de vérifier
si les prescriptions des articles 1, 2, 3 et 4 ont
été observées par le gérant. Cette vérification doit
être faite avec grand soin. Nous croyons que le

Conseil de surveillance pourrait, sans encourir le reproche de s'être immiscé dans la gestion, prendre les mesures nécessaires pour accomplir les formalités négligées par le gérant. (Cette vérification doit être faite avec grand soin.) Il en serait autrement, si la nullité était fondamentale et résultait, par exemple, de ce que le capital social n'aurait pas été entièrement souscrit, la société serait alors irrémissiblement nulle.

DE LA NULLITÉ DE LA SOCIÉTÉ.

Dans les articles 1, 2, 3, 4 et 5 le législateur prend une série de mesures propres, selon lui, à empêcher la fraude et à écarter l'agiotage, mais ces mesures ne serviraient à rien et seraient sans efficacité, si une sanction n'en venait assurer l'exécution. C'est l'établissement de cette sanction qui fait l'objet des art. 7 et 8.

Aux termes de l'art. 7, est nulle et de nul effet, à l'égard des intéressés, toute société en commandite par actions constituée contrairement aux articles 1, 2, 3, 4 et 5 de la présente loi.

Quoique la loi n'en parle pas, il n'en faut pas moins décider que la société peut être annulée pour cause de dol, d'erreur ou de fraude.

Ces cas sont régis par le droit commun.

De ce que la société est nulle aux termes de l'art. 7, il résulte que les associés ne sont plus tenus pour l'avenir, et qu'ils peuvent réclamer ce qu'ils ont versé. La société n'ayant jamais existé, n'a pas pu engager les associés ; les frais nécessités par la préparation de la société, les frais d'affiches et autres restent, par conséquent, à la charge du gérant. C'est lui qui devait se conformer aux prescriptions des art. 1, 2, 3, 4 et 5, s'il ne l'a pas fait, il est juste qu'il en supporte les conséquences.

Qui peut se prévaloir de la nullité? les intéressés, mais ils ne peuvent pas l'opposer aux tiers, ces derniers n'ont, en effet, aucune faute à se reprocher, et il serait souverainement injuste qu'ils souffrissent d'une situation qu'ils n'ont pu empêcher. L'art. 42 du Code de commerce, aujourd'hui, contenait déjà une disposition analogue. Comme la nullité de l'art. 42, celle de notre article est absolue et d'ordre public. Quelle personne comprend le mot *intéressés*? Sont intéressés, tous ceux qui ont été parties au contrat ou qui ont traité avec les contractants.

Les créanciers de la société peuvent invoquer la nullité de la société, quand même ils auraient connu cette nullité avant de traiter; mais en général, ils ne l'invoquent pas, car elle leur sera rarement avantageuse.

Quid juris des débiteurs de la société? la plupart du temps, ils n'auront pas grand intérêt à invoquer la nullité, puisqu'ils n'en seront pas moins débiteurs. Cependant dans l'ypothèse suivante, un débiteur social peut avoir intérêt à invoquer la nullité.

Supposons que ce débiteur de la société se trouve en même temps créancier personnel de l'un des associés, il ne peut pas, si la société le poursuit, opposer la compensation ; car la société forme une personne morale indépendante de la personne des associés. Si, au contraire, ce débiteur fait prononcer la nullité de la société, il lui sera possible d'opposer la compensation quand il se retrouvera en face des associés.

Les créanciers personnels des associés peuvent sans aucun doute, demander la nullité de la société, contre les associés; ils ne font en cela qu'exercer les droits de leurs débiteurs, conformément à l'art. 1166 du Code civil. Mais peuvent-ils invoquer cette même nullité contre les créanciers sociaux ?

C'est lorsque la société a fait de mauvaises affaires, et qu'elle sera en faillite que la question se présentera. Le fonds social sera-t-il attribué à tous les créanciers indistinctement, ou sera-t-il exclusivement réservé aux créanciers sociaux, jusqu'au parfait payement de ce qui leur est dû ?

Nous croyons que les créanciers personnels des associés ne peuvent pas opposer la nullité de la société aux créanciers sociaux ; car les créanciers d'une personne n'ont pas en principe, plus de droit que leur débiteur, or les associés ne peuvent pas opposer la nullité de la société aux créanciers sociaux, les créanciers personnels des associés ne peuvent donc pas la leur opposer non plus.

La nullité doit être prononcée par le tribunal qui, si les faits sont constants, n'a aucun pouvoir discrétionnaire. La demande en nullité doit être formée contre le gérant. On s'est demandé, si l'action en nullité dont il est question dans l'article 7 est prescriptible, et à supposer qu'elle le fût, pour quel laps de temps? M. Vavasseur applique à cette action en nullité l'article 1304 du Code civil, et la déclare prescriptible pour dix ans. MM. Bédarride et Rivière la soumettent à la prescription trentenaire.

Quant à nous nous pensons que cette action est imprescriptible, car la société ne peut pas par le laps de temps devenir régulière.

Quand la société a été déclarée en nullité aux termes de l'article 7, les membres du premier Conseil de surveillance peuvent être déclarés responsables avec le gérant, du dommage résultant pour la société ou pour le tiers de l'annulation de la société.

La même responsabilité peut être prononcee contre ceux des associés dont les apports ou les avantages n'avaient pas été vérifiés et approuvés, conformément à l'article 6 ci-dessus (art. 8).

Les deux responsabilités prononcées dans l'article 8 sont facultatives, les tribunaux ne sont pas forcés de les prononcer. Il résulte, de plus, du dernier alinéa, que les associés qui ont fait des apports en nature ou stipulé des avantages particuliers, sont responsables de l'inobservation de l'article 4, bien qu'ils n'aient pas la qualité de

fondateurs. Le législateur a voulu en sanctionnant plus fortement cette disposition, en assurer
le respect.

Le système adopté par le législateur de 1856,
sur la responsabilité des membres des Conseils
de surveillance avait, par la vigueur même dont
il était empreint, manqué le but qu'on s'était
proposé. La responsabilité des membres des
Conseils était, en effet, tellement lourde et tellement étendue, que le plus souvent les tribunaux
hésitaient à la prononcer. Le législateur de 1867,
n'exonéra pas les Conseils de surveillance de toute
responsabilité, ce qui eut rendu l'institution parfaitement inutile ; mais il la renferma dans de
justes limites comme nous allons le voir par
l'article 9.

Les membres du Conseil de surveillance n'en-
courent aucune responsabilité, à raison des actes
de la gestion et de leurs résultats.

Chaque membre du Conseil de surveillance est
reponsable de ses fautes personnelles dans l'exécution de son mandat, conformément aux règles
du droit commun (art. 91).

Le premier alinéa consacre ce principe que :
le Conseil de surveillance n'est jamais responsable du fait du gérant ; ce dernier jouissant au
point de vue de la gestion de la plus entière
liberté, doit, en compensation, assumer sur lui
seul la responsabilité de ses actes.

Le second alinéa repousse toute idée de solidarité entre les membres du Conseil du moins en

principe; car il n'est pas douteux, que si la faute
a été collective la responsabilité ne doit être
solidaire. Il en serait de même de la solidarité
entre les membres du Conseil et le gérant, quoique la loi ne l'ait pas établie, elle existerait, si,
par exemple, il y avait eu collision entre eux et
dommage causé à la société.

On s'est demandé si l'absence d'un membre à la
réunion du Conseil de surveillance l'exempterait
de toute responsabilité? Nous pensons que son
absence n'aurait cet effet qu'autant qu'elle serait
motivée sur une cause légitime.

Un doute s'est également élevé sur la question
de savoir, si on devait considérer les membres
des Conseils de surveillance comme des mandataires salariés et apprécier leurs fautes en conséquence?

C'est une question de fait, reçoivent-ils des
jetons de présence, ce sont assurément des mandataires salariés, qui répondent des fautes lé-
gères, ne touchent-ils aucun jeton, ils doivent
être traités comme des mandataires gratuits.

Les membres du Conseil, dit le 1er alinéa de
l'article 10, vérifient les livres, la caisse, le portefeuille et les valeurs de la société :

Ces diverses vérifications ont pour but de mettre
les membres du Conseil de surveillance à même,
de se rendre compte de la façon dont la société
est administrée par le gérant, de l'état de l'actif
et du passif et d'éclairer l'assemblée des action-

naires avec plus d'impartialité que ne le ferait le gérant.

La vérification des livres comprend tous les livres obligatoires ou facultatifs, ainsi que les écritures de toute sorte tenues par le gérant. C'est cette vérification qui permettra au Conseil de connaître l'actif de la société; la vérification de la caisse et du portefeuille lui apprendra, si l'actif porté sur les livres existe réellement.

La vérification de la caisse se fera en comptant les espèces qui s'y trouvent, et en voyant si le total concorde avec les énonciations du livre de caisse. Quant à la vérification du portefeuille, il ne suffira pas de constater si les effets s'y trouvent, le Conseil devra chercher en outre à connaître la solvabilité des divers débiteurs qui les ont souscrits. Ces diverses vérifications peuvent aussi avoir lieu quand le Conseil le juge convenable; puis qu'aucun temps pour y procéder ne lui est fixé par la loi.

Les membres du Conseil peuvent se partager la besogne, ainsi l'un peut vérifier les livres, tandis que les autres vérifient la caisse et le portefeuille. Le résultat des diverses opérations auxquelles le Conseil a dû se livrer, est constaté dans un rapport fait par lui à l'assemblée des actionnaires. Dans ce rapport le Conseil constate les irrégularités et les inexactitudes de l'inventaire, il expose, s'il y a lieu les motifs qui s'opposent aux distributions de dividendes proposées par le gérant. Au sujet de l'inventaire, ce serait en quelque sorte se mêler de la gestion, ce qu'ils ne peuvent pas faire. Leur pouvoir se borne à se faire conmuniquer l'inventaire après sa confection et à en contrôler l'exactitude par les moyens qu'ils jugeront convenables.

Le rapport doit être l'expression de la vérité; il engage la responsabilité de chacun des membres du Conseil. Si quelques-uns d'entre eux ne croyaient pas devoir s'associer aux conclusions de la majorité, ils pourraient faire constater leur opinion dans le procès-verbal, et au besoin même requérir cette constatation par ministère d'huissier, ou s'ils le préfèrent, faire un contre-rapport à l'assemblée des actionnaires. Ils peuvent la convoquer, en outre, pour des cas imprévus, pour provoquer la dissolution de la société, par exemple.

L'article 11 donne aux Conseils de surveillance le pouvoir de provoquer la dissolution de la société, conformément à l'avis de l'assemblée générale. Quant à la question de savoir, si l'intervention des tribunaux est toujours nécessaire pour dissoudre la société, nous pensons qu'il faut distinguer, si le cas a été prévu ou non par les statuts. Si le cas a été prévu, l'assemblée peut dissoudre la société, car alors elle est dans la sphère de son action; si le cas n'a pas été prévu, il faut s'adresser aux tribunaux. Cependant, s'il y avait unanimité en faveur de la dissolution, nous pensons qu'alors elle serait possible dans tous les cas, sans l'intervention des tribunaux.

DE LA RÉPÉTITION DES DIVIDENDES.

C'est une question qui présente un grand intérêt que celle de savoir, si l'actionnaire peut être
tenu de rapporter tout ou partie des dividendes
par lui reçus. Les règles que nous allons poser à
cet égard sont aussi bien applicables aux sociétés
anonymes qu'aux sociétés en commandite par actions.

Plusieurs hypothèses peuvent se présenter :
1° Au moment de la distribution des dividendes,
la société avait réalisé des bénéfices et les dividendes étaient réels; plus tard la société fait de
mauvaises affaires et tombe en faillite. Pourra-t-on
redemander aux actionnaires les dividendes par
eux touchés? Oui, a-t-on dit, car il n'y a de bénéfices ou de pertes qu'à la dissolution de la société; ce n'est qu'à ce moment qu'on peut apprécier d'une façon définitive les gains ou les pertes.
Nous ne suivrons pas cette opinion, car avec elle
aucun actionnaire ne serait en sûreté. De plus, il
n'est pas vrai de dire, que ce n'est qu'à la dissolution de la société qu'il y a des gains ou des pertes ; c'est chaque année que l'on peut dire avec
certitude que pendant l'exercice qui vient de
s'écouler, la société a réalisé des bénéfices ou
éprouvé des pertes, mais le gérant, voulant faire
croire à une prospérité qui n'existe pas en réalité,
distribue quand même un dividende aux action-

naires. Dans ce cas, on le comprend aisément, ce qu'il distribue aux actionnaires, c'est leur capital. Il trompe doublement les créanciers sociaux, puisqu'il étale à leurs yeux des dividendes purement fictifs, et qu'il leur enlève par cette distribution une partie du capital qui est leur gage. Comme on le voit, on ne pourrait pas, sans injustice, décider qu'aucune action en répétition de dividendes ne sera exercée contre les actionnaires; car ce serait admettre que ces derniers peuvent reprendre une partie de leur mise, ce qui est contraire à tous les principes.

La question était résolue en principe, voyons maintenant comment le législateur l'a traitée.

Le projet de loi que le gouvernement avait présenté à la Chambre des députés ne contenait aucune disposition sur la restitution possible des dividendes : ce fut la commission qui s'occupa de la question et fit insérer l'article 10 qui, dans ses trois derniers paragraphes, règle la répétition des dividendes fictifs.

Aux termes de l'article 10, la répétition des dividendes ne pourra avoir lieu, si la distribution en a été faite en vertu d'un inventaire et d'après les résultats constatés par cet inventaire. Il faut le reconnaître, la loi ne s'est pas montrée trop rigoureuse à l'égard des actionnaires : et en effet, si l'on y réfléchit, on s'aperçoit bien vite, qu'il sera rare de rencontrer un gérant assez audacieux pour ne pas faire d'inventaire, ou en ayant fait un, pour distribuer des dividendes complétement hors de proportion avec les résultats de l'inventaire. Le Conseil de surveillance assumerait-il sur lui la responsabilité d'un pareil fait? cela n'est pas probable; il s'empresserait, au contraire, de s'opposer à une fraude aussi grossière et dont la découverte serait certaine.

L'article 10 en tranchant définitivement la question qui nous occupe, n'a donc pas beaucoup sauvegardé les intérêts des créanciers sociaux; les cas qu'il prévoit sont trop rares pour que ces derniers aient souvent lieu de répéter des actionnaires les dividendes indûment perçus.

Quelle est la nature de l'action en répétition du dividende? On pourrait croire que c'est une *conditio indebiti*, et par conséquent une action civile. Nous pensons que l'action en répétition est commerciale; l'action dirigée contre l'actionnaire pour le versement de sa mise est commerciale, or, quand on lui réclame des dividendes fictifs, que lui demande-t-on? pas autre chose que de compléter sa mise; l'action en répétition de dividendes est donc commerciale. Le plus souvent, l'action sera exercée après la faillite par les syndics; mais pourrait-elle l'être par la société elle-même? Nous pensons que oui, car l'intégrité du capital social est exigée dans l'intérêt des associés, comme dans celui des tiers.

Combien dure cette action? cinq ans à partir du jour fixé pour la distribution des dividendes. Les prescriptions anciennes supérieures à cinq ans, sont par notre article réduites à ce laps de temps.

Quinze jours au moins avant la réunion de l'assemblée générale, tout actionnaire peut prendre par lui ou par un fondé de pouvoirs, au siége social, communication du bilan, des inventaires et du rapport du Conseil de surveillance (art. 12.).

Le législateur ne s'est pas contenté de prononcer sur les responsabilités civiles, il a cru devoir y joindre des dispositions pénales, spéciales; c'est cette dernière sanction qui est organisée par les articles 13, 14, 15 et 16.

DISPOSITIONS PÉNALES.

L'émission d'actions ou de coupons d'actions d'une société, constituée contrairement aux prescriptions des articles 1, 2 et 3 de la présente loi, est punie d'une amende de 500 à 10,000 francs.

Sont punis de la même peine : le gérant qui commence les opérations sociales avant l'entrée en fonctions du Conseil de surveillance ; ceux qui, en se présentant comme propriétaires d'actions ou coupons d'actions qui ne leur appartiennent pas, ont créé frauduleusement une majorité factice dans une assemblée générale, sans préjudice, de tous dommages-intérêts, s'il y a lieu, envers la société ou envers les tiers ; ceux qui ont réunis les actions pour en faire l'usage frauduleux.

Dans les cas prévus par les deux paragraphes

précédents, la peine de l'emprisonnement de quinze jours à six mois peut, en outre, être prononcée (art. 13).

La négociation d'actions ou de coupons d'actions, dont la valeur ou la forme serait contraire aux dispositions des art. 1. 2 et 3 de la présente loi, ou pour lesquels le versement du quart n'aurait pas été effectué, conformément à l'art. 2 ci-dessus, est puni d'une amende de 500 à 10,000 fr.

Sont punies de la même peine, toutes participations à ces négociations et toute publication de la valeur desdites actions (art. 14).

Sont punis des peines portées par l'art. 405 du Code pénal, sans préjudice de l'application de cet article tous les faits constitutifs du délit d'escroquerie.

1° Ceux qui par simulation de souscriptions ou de versements, ou par la publication faite de mauvaise foi de souscriptions ou de versements qui n'existent pas, ou de tous autres faits faux, ont obtenu ou tenté d'obtenir des souscriptions ou des versements.

2° Ceux qui, pour provoquer des souscriptions ou des versements, ont, de mauvaise foi, publié les noms des personnes désignées, contrairement à la vérité, comme étant ou devant être attachées à la société à un titre quelconque.

3° Les gérants, qui, en l'absence d'inventaires ou au moyen d'inventaires frauduleux, ont opéré entre les actionnaires la répartition de dividendes fictifs. Les membres du Conseil de surveillance ne sont pas civilement responsables de délits commis par le gérant (art. 15).

Le dernier alinéa de notre article tranche d'une façon fort sage, une question qui, sous l'empire de la loi de 1856, fut assez controversée. On s'était demandé si les membres du conseil de surveillance ne devaient pas être déclarés civilement responsables des délits commis par le gérant? L'affirmative avait trouvé des défenseurs ; notre article est venu heureusement trancher la controverse.

L'article 463 du Code pénal est applicable aux faits prévus par les trois articles qui précèdent (art. 16).

L'article 463 permet aux tribunaux de police correctionnelle de réduire l'emprisonnement au-dessus de six jours, et l'amende au-dessus de seize francs, ou même, de substituer l'amende à la prison, quand les circonstances leur semblent atténuantes. L'article 16 adoucit beaucoup, comme on le voit, les rigueurs des trois articles précédents ; mais il fait bien mieux encore, si on en croit le rapporteur de la loi, il a entendu parler de *délits* et non pas de *contraventions*, et le rapporteur en tire cette conséquence, que le fait n'est punissable qu'autant qu'il a été accompagné de l'intention frauduleuse. Les tribunaux ont donc, en cette matière, un pouvoir d'appréciation fort large.

DISPOSITIONS SPÉCIALES.

Des actionnaires représentant le vingtième au moins du capital social peuvent, dans un intérêt commun, charger, à leur frais, un ou plusieurs mandataires de soutenir, tout en demandant qu'en défendant une action contre les gérants ou les membres du Conseil de surveillance et de les représenter en justice, sans préjudice de l'action que chaque actionnaire peut intenter individuellement en son nom personnel (art. 17).

L'art. 17 contient une dérogation au principe que nul en France ne plaide par procureur, hormis le roi. Cette dérogation qui se comprend par le désir du législateur de donner aux actionnaires tous les moyens compatibles avec la nature de la commandite, de se défendre contre la mauvaise foi d'un gérant ou la connivence d'un Conseil de surveillance, devint pour certains actionnaires un moyen de tracasser le gérant ou le Conseil, et fut pour l'un aussi bien que pour l'autre une source d'entraves. Pour éviter ce résultat, la loi exige des actionnaires qui veulent faire usage de l'art. 17, qu'ils représentent au moins le vingtième du capital social. Notre article rend possible des instances, qui sans la faculté qu'il donne aux actionnaires n'eussent jamais pu aboutir, à cause des embarras, des lenteurs et des frais entraînés par l'application du droit commun à l'hypothèse qui nous occupe.

L'article 18 donne aux sociétés en commandite qui n'ont pas, conformément à l'article 18 de la loi de 1856, un Conseil de surveillance, un délai de six mois pour en constituer un, sinon, chaque actionnaire a le droit de demander la nullité de la société. L'importance que le législateur attache à l'institution des Conseils de surveillance, explique seule cette disposition qui n'a pas dû trouver beaucoup de cas d'application dans les commencements de la loi de 1867, et dont l'utilité diminue chaque jour.

L'article 19 permet aux sociétés en commandite antérieures à la présente loi, dont les statuts admettent la transformation en société anonyme autorisée par le gouvernement, de se convertir en société anonyme dans les termes déterminés dans le titre 11 de la présente loi, en se conformant aux conditions stipulées dans les statuts pour la transformation.

Si les statuts n'ont pas prévu le cas de transformation en société anonyme, la transformation ne pourra avoir lieu qu'à l'unanimité.

Est abrogée la loi du 17 juillet 1856.

DES SOCIÉTÉS ANONYMES.

La société anonyme est l'antithèse de la société en nom collectif : dans cette dernière, chaque associé est responsable sur tous ses biens des engagements contractés par la société ; dans la société anonyme, au contraire, personne n'est responsable au-delà de sa mise.

On peut définir la société anonyme : un contrat par lequel sept personnes au moins conviennent de faire, sans adopter une raison sociale, des actes dont elles répondent jusqu'à concurrence de leur mise.

DE LA CONSTITUTION.

Les administrateurs des sociétés anonymes sont de simples mandataires qui ne s'engagent pas personnellement ; quoique la société soit commerciale, les administrateurs ne sont pas commerçants.

La société est qualifiée par la désignation de son industrie : *Compagnie des chemins de fer de Paris à Lyon*, par exemple, ou par un nom de fantaisie, tel que : *Phénix, Monde, Union*.

Depuis la loi du 24 juillet 1867, la constitution des sociétés anonymes n'est plus soumise à l'autorisation gouvernementale (art. 21).

Cette autorisation, qui avait paru nécessitée par l'absence de toute responsabilité personnelle, a été supprimée, et avec raison, selon nous ; elle était une entrave, sans constituer une garantie bien sérieuse ; aussi, la suppression fut-elle acceptée sans difficulté par le Corps législatif. Nous verrons, en expliquant l'article 66 de notre loi, que certaines sociétés anonymes sont encore soumises à l'autorisation gouvernementale.

La société anonyme peut être formée par un acte sous seing privé fait en double original, il faut quatre originaux : deux sont déposés aux greffes de la justice de paix et du Tribunal de commerce (art. 55), ce qui, joint aux deux originaux exigés par notre article, en porte le nombre à quatre.

Il faut remarquer de plus que la faveur de constituer la société par un acte sous seing privé n'est pas grande, puisque l'article 24 ordonne que la souscription et les versements soient constatés par un acte notarié. Forcés d'employer le ministère d'un notaire pour la constatation de la souscription et des versements, les fondateurs de la société l'emploieront presque toujours aussi pour la rédaction de l'acte de société.

Les articles 29, 30, 32, 33, 34, 36 du Code de commerce règlementent encore les sociétés anonymes.

Il doit y avoir au moins sept associés ; cette disposition prise dans la loi de 1863, article 2, a été

empruntée par la France à une loi anglaise de
1856 (art. 23).

Tout ce que nous avons dit sur les articles 1,
2, 3 et 4, à propos des sociétés en commandite,
est entièrement applicable aux sociétés anonymes.

DU FONCTIONNEMENT.

Nous venons de voir les caractères de la société
anonyme, en quoi elle se distingue des autres sociétés et les conditions nécessaires à sa constitution ; examinons maintenant la manière dont elle
fonctionne, les personnes chargées d'assurer ce
fonctionnement, et enfin les pouvoirs que la loi
leur a conférés à cet effet.

Dans la société en commandite par actions,
l'assemblée des actionnaires joue un rôle peu important, elle n'a qu'un pouvoir de surveillance,
et le gérant est en réalité le maître souverain de
toutes choses. Dans la société anonyme, c'est le
contraire, l'assemblée des actionnaires est com-
pétente, chacun doit se soumettre à ses décisions.

Les administrateurs chargés de l'*action* ne sont
que les mandataires de l'assemblée. Quant aux
commissaires, ils n'ont qu'un simple pouvoir de
surveillance sur les administrateurs.

DES ADMINISTRATEURS.

Les administrateurs sont des mandataires ordinaires, salariés ou gratuits ; ils sont révocables à

volonté. On a agité la question de savoir si un
administrateur, révoqué sans motif légitime par
l'assemblée des actionnaires, aurait le droit de
réclamer à la société des dommages-intérêts,
pour le tort que cette révocation injuste aurait pu
porter à sa réputation? Nous pensons qu'un administrateur ne saurait avoir un pareil droit;
mandataire ordinaire, il n'a droit à aucune réparation quand son mandant lui retire sa confiance.
Il en serait autrement, si la révocation, au lieu
d'être pure et simple, avait été faite en termes
injurieux pour lui; dans ce cas, il aurait évidemment droit aux dommages-intérêts. L'article 22
de notre loi a dérogé en deux points à l'article 31
du Code de commerce; il a permis de ne nommer
qu'un administrateur, faculté qui ne ressortait
pas clairement de l'article 31; enfin, il a défendu
de prendre les administrateurs en dehors des associés. Cette dernière disposition ne sera, la plupart du temps, qu'une gêne et une entrave. Il arrive souvent, en effet, qu'une personne possédant
un talent industriel remarquable, ayant une
grande habileté dans les affaires, n'aura pas les
fonds nécessaires pour devenir associé et administrateur, et se trouvera par là-même exclu de
l'administration, où il serait plus compétent que
tout autre. La commission du Corps législatif
avait compris combien cette dérogation à l'article 31 du Code de commerce était malheureuse,
elle en avait fait l'observation; mais le premier
paragraphe de l'article 22 n'en demeura pas

moins tel quel et on y ajoute un second alinéa qui, comme nous allons le voir, n'est guère plus heureux que le premier.

Le second alinéa est ainsi conçu : « Ces mandataires (les administrateurs) peuvent choisir parmi eux un directeur, ou si les statuts le permettent, se substituer un mandataire étranger à la société et dont ils sont responsables envers elle.

Les administrateurs, dit l'art. 22, peuvent choisir un directeur parmi eux ; et d'abord, quel est le sens de ce mot *directeur?* Dans une société, le directeur est l'homme chargé de surveiller le travail des bureaux et d'exécuter les décisions du conseil. Quel que soit le nom qu'il porte, il est indispensable à toute société, car les administrateurs ne siègent pas en permanence ; mais la loi avait-elle besoin de donner aux administrateurs le pouvoir de choisir un directeur parmi eux ? Évidemment non, ce pouvoir résulte de la liberté des conventions, la disposition en question est donc inutile ; bien plus, elle a pour base une erreur. Le rapporteur de la loi, M. Mathieu, a dit : que la faculté conférée aux administrateurs de choisir parmi eux un directeur n'avait pas besoin d'être justifiée, que c'était la consécration d'une pratique sans inconvénients.

C'est là que se trouve l'erreur en pratique, le directeur n'est presque jamais choisi parmi les administrateurs, par cette raison qu'on trouve rarement, dans un conseil d'administration composé d'ordinaire d'hommes riches et jouissant d'une certaine considération, le talent et les connaissances pratiques nécessaires à un directeur, et que, parviendrait-on à y rencontrer l'homme pourvu des qualités nécessaires, il est probable qu'il refuserait d'accepter la charge qui lui serait proposée. De plus, au point de vue de la bonne gestion des intérêts sociaux, il est préférable que le directeur ne fasse pas partie du conseil d'administration, les administrateurs n'en auront que plus d'autorité sur lui.

Voyons maintenant ce qu'a voulu dire le législateur dans le dernier membre de phrase de notre article qui est ainsi conçu : « Ces mandataires peuvent choisir parmi eux un directeur, ou, si les statuts le permettent, se substituer un mandataire étranger à la société et dont ils sont responsables envers elle. » Le législateur a-t-il voulu permettre par cette disposition à l'administrateur malade ou empêché de se faire remplacer dans la gestion des intérêts sociaux par un mandataire ? Dans ce cas, il a pris une peine inutile, car les principes généraux du droit accordaient déjà cette faculté à tout administrateur. Nous ne croyons pas que telle ait été la pensée du législateur de 1867, et nous allons le démontrer au moyen de la discussion du corps législatif.

Sur le sens et sur la portée à attribuer au mot *substitution*, la commission et le gouvernement ont été en complet désaccord.

La commission, par l'organe de M. Mathieu, son rapporteur, soutenait que le mot *substitution* exprimait la nomination d'un directeur, choisi en dehors des associés, sans que les autres administrateurs aient, en rien, la pensée d'abdiquer l'exercice de leur mandat. La commission les rendait seulement responsables de la gestion de ce directeur, sans développer les conditions de cette responsabilité, qui peut devenir non-seulement fort lourde, mais même complétement inacceptable.

Le gouvernement n'entendait pas ainsi l'article, et appelé à donner son avis, il a, par l'organe de plusieurs de ses ministres, interprété l'article de la façon suivante : pour lui, le mot *substitution* signifie que chaque administrateur pourra abdiquer l'exercice de son mandat et le confier à un étranger, si les statuts le permettent, et à la seule condition qu'il en sera responsable ; ce ne sera pas un directeur chargé de l'exécution que les administrateurs se donneront là, ce sera, comme l'a dit dans la discussion le ministre de la justice, un remplaçant, un administrateur qu'ils se substitueront.

Tel est le sens de l'article d'après les représentants du gouvernement, et c'est aussi celui que le législateur a adopté, car aucune observation n'eut lieu après le discours du ministre de la justice et l'article fut voté. C'est, on en conviendra, une dangereuse faculté que la loi a donnée aux administrateurs et qui, il faut l'espérer, ne se trouvera dans les statuts d'aucune société sérieuse.

Mauvais en théorie, l'art. 22 est beaucoup moins dangereux en pratique : on évitera, en effet, la malencontreuse disposition du premier paragraphe, en n'exigeant qu'une seule action pour pouvoir être administrateur; de cette façon on conciliera l'exigence de la loi qui veut que tout administrateur soit associé, avec la nécessité de chercher un administrateur capable, en dehors de la société. Quant à la clause dont parle le second alinéa, on aura soin de ne jamais l'insérer.

Les administrateurs peuvent être nommés par les statuts, dans ce cas, la durée de leurs fonctions est limitée à trois ans; ou par l'assemblée générale, alors elle est de six années. Le directeur dont parle notre article, ne peut pas rester plus de six ans en fonctions; il en est différemment des chefs d'usines et autres employés subalternes qu'il ne faut pas confondre avec lui et dont les administrateurs ne sont jamais responsables.

Comme tout mandataire, les administrateurs sont responsables de leur gestion; l'art. 44 pose le principe de la responsabilité. Ils sont, dit-il, responsables solidairement, quand la faute a été collective; personnellement, quand la faute a été individuelle.

L'art. 26 organise, d'une manière effective, la responsabilité dont le principe est posé dans l'article 44. Pour qu'elle soit plus efficace et que le recours soit plus facile, il crée un capital de garantie composé uniquement des actions appartenant aux administrateurs. Le nombre d'actions que chaque administrateur doit déposer dans la caisse sociale est déterminé par les statuts. Comme l'indique son nom, ce capital est affecté à la garantie de tous les actes de la gestion, même de ceux qui seraient exclusivement personnels à l'un des administrateurs. Il en résulte qu'un administrateur répond sur ses actions des faits de ses collègues auxquels il s'est opposé. Les actions du capital de garantie sont inaliénables et immobilisées, et pour que l'administration puisse en disposer, il faut que tout le conseil d'administration dont il faisait partie ait reçu sa décharge. Envisagée au point de vue de l'équité, cette responsabilité solidaire est loin d'être juste, car les administrateurs ne sont pas chargés de pourvoir aux vacances qui se produisent dans le conseil, et ils deviennent ainsi responsables des faits du collègue qu'il plaira à l'assemblée générale de leur imposer.

S'il est important que la responsabilité des administrateurs ne soit pas illusoire, il est non moins utile de ne pas les placer entre leur devoir et leur intérêt. L'art. 10 a eu pour but de prévenir ce danger ; en conséquence, il interdit aux administrateurs de prendre ou de conserver un intérêt direct ou indirect dans une entreprise ou un marché fait avec la société ou pour son compte, à moins qu'ils n'y soient autorisés par l'assemblée générale. Cet article s'applique à toutes les entreprises, et nous croyons qu'il faut l'appliquer même à celles qui sont faites par adjudication publique, car si la fraude est difficile à comprendre pour l'adjudication même, on conçoit avec quelle facilité elle peut s'exercer au moment de la livraison des objets, quand il s'agit d'en apprécier la qualité. Il ne faudrait pas toutefois aller trop loin ; mais nous pensons qu'une société de crédit pourrait fort bien, sans y être autorisée par l'assemblée générale, escompter les effets de ses administrateurs aux conditions ordinaires.

Les dispositions des articles 13, 14, 15 et 16 sont applicables aux sociétés anonymes ; il en est de même des trois derniers paragraphes de l'article 10, relatifs à la distribution des dividendes (art. 45).

DES COMMISSAIRES.

Nous venons de parler des administrateurs et de leurs pouvoirs, il nous semble conforme à la logique de parler immédiatement des commissaires, quoique la loi ait suivi un ordre différent.

Les commissaires sont, comme les administrateurs, de simples mandataires. Ils ont pour mission de surveiller les administrateurs et d'éclairer l'assemblée générale sur la gestion de ces derniers. Ils sont nommés par l'assemblée générale pour un an et sont rééligibles, ils peuvent être choisis parmi les associés ou en dehors d'eux ; la loi s'est montrée pour ce choix plus large que pour celui des administrateurs.

Ils doivent, aux termes de l'art. 22, faire un rapport à l'assemblée générale sur la situation de la société, sur le bilan et sur les comptes présentés par les administrateurs.

Le président du tribunal de commerce doit procéder à la nomination ou au remplacement des commissaires, s'il n'en a pas été nommé ou si ceux qui ont été nommés ont cessé leurs fonctions ou sont empêchés,

Les articles 33 et suivants ont pour objet de donner aux commissaires les moyens nécessaires à l'exercice du droit de surveillance dont ils sont investis par la loi.

Pendant les trois mois qui précèdent la réunion de l'assemblée générale, les commissaires peuvent prendre communication des livres et examiner les opérations de la société (art. 33.) C'est, comme on le voit, un pouvoir fort restreint que la loi accorde aux commissaires, puisque, pendant les trois quarts de l'année, les comptes de la société leur demeureront entièrement inconnus. Dans la crainte de voir leur surveillance devenir tracassière, la loi court le risque de la rendre à peu près inefficace, car, les commissaires ne seront à même de signaler le mal que, quand il sera devenu irrémédiable ; et on se demande comment il est possible de concilier cette disposition avec le dernier alinéa de l'article 33 qui permet aux commissaires de convoquer en tout temps et d'urgence l'assemblée générale. Comment pourront-ils convoquer l'assemblée, pendant les neuf mois où la comptabilité et les opérations de la société sont pour eux lettre close? Ce ne sera assurément pas en pleine connaissance de cause; cette convocation ne sera basée le plus souvent que sur des indices et des présomptions.

Comme tout commerçant, la société anonyme doit faire un inventaire à la fin de chaque année, elle doit, en outre, dresser, chaque semestre, un état sommaire de sa situation active et passive. L'état sommaire doit être communiqué aux commissaires; quant à l'inventaire, au bilan et au compte des profits et pertes, ils doivent être à leur disposition, quarante jours au moins avant l'assemblée générale (art. 34).

La responsabilité des commissaires est déterminée d'après les règles générales du mandat. (art. 43).

Cette disposition aurait pu, sans danger, être retranchée de la loi, elle découlait des principes généraux. Non contente d'instituer des commissaires chargés spécialement de surveiller les administrateurs, la loi a voulu que tout actionnaire pût, dans une certaine limite, s'éclairer sur la manière dont est administrée la société.

C'est pour atteindre ce but que l'article 45 permet à tout actionnaire de prendre au siège social, quinze jours au moins avant l'assemblée générale, communication de la liste des actionnaires et de l'inventaire, et de se faire délivrer copie du bilan résumant l'inventaire et du rapport des commissaires.

Avant d'examiner le mérite de la disposition, il est bon de signaler une erreur de rédaction assez grave. L'article dit que l'actionnaire ne pourra prendre copie du bilan que quinze jours au moins avant la réunion de l'assemblée; il s'ensuit que, s'il vient douze ou treize jours seulement avant, il ne peut plus prendre ni copie, ni communication; d'un autre côté, s'il vient avant les quinze jours, on pourra lui refuser la communication des comptes en se fondant sur ce fait, que les commissaires n'ont pas encore déposé leur rapport, ce qui n'est pas illégal, puisqu'aucun délai n'est fixé pour ce dépôt; mais ce qui empêche toute communication, car, aux termes de notre article, on ne peut communiquer le bilan et l'inventaire qu'avec le rapport des commissaires. Quant à l'utilité de cette disposition, elle est assez difficile à comprendre; la communication ne sera pas d'un grand secours aux actionnaires qui n'ont pas entrée à l'assemblée, puisqu'elle leur fait connaître un état de choses auquel ils ne peuvent apporter aucune modification; quant à ceux qui font partie de l'assemblée, elle leur permettra, il est vrai, jusqu'à un certain point, de s'initier aux questions qui vont y être discutées; mais le législateur eut aussi bien fait de laisser aux actionnaires la faculté d'ordonner cette communication, s'ils le jugeaient à propos. On pourrait se demander

pourquoi la loi ne prescrit pas aussi la communication du rapport des administrateurs? Cela sem-
blerait à première· vue équitable: publiant le
rapport des commissaires chargés de surveiller
les administrateurs, il paraîtrait juste de produire
aussi le rapport de ces derniers, et de leur permettre ainsi de se justifier vis-à-vis des actionnaires, des critiques que peuvent leur adresser les
commissaires dans leur rapport. Nous pensons
que la raison qui a détourné le législateur de
cette mesure, c'est que le rapport des administrateurs est susceptible d'être modifié jusqu'au dernier moment, par suite d'événements nouveaux.

DE L'ASSEMBLÉE GÉNÉRALE.

Nous avons indiqué plus haut l'importance du
rôle joué par l'assemblée générale dans les sociétés anonymes; nous n'y reviendrons pas.

De qui se compose cette assemblée?

C'est l'objet de l'article 27. La première condition pour entrer dans l'assemblée générale, il
est presque superflu de le dire, c'est d'être actionnaire; mais cela ne suffit point encore, du
moins en thèse générale, pour donner entrée à
l'assemblée. L'art. 27 distingue deux sortes d'assemblées, celles qui se tiennent annuellement
pendant le cours de l'existence de la société, et
l'assemblée que j'appellerai *constitutive*, qui doit

vérifier les apports, nommer les premiers administrateurs et apprécier la sincérité des déclara-
tions des fondateurs de la société. Pour entrer
aux assemblées générales annuelles, il faut posséder le nombre d'actions exigées à cet effet par
les statuts, qui déterminent en même temps le
nombre de voix dont jouira chaque actionnaire.
Tantôt, les statuts exigent un certain nombre
d'actions pour permettre l'accès de l'assemblée ;
tantôt, au contraire ils décident, que l'assemblée
générale sera composée des deux ou trois cents
plus forts actionnaires.

Pour l'assemblée constitutive, il ne dépend
plus des statuts de repousser les plus faibles actionnaires ; n'auraient-ils qu'une action, ils font
partie de l'assemblée ; et un actionnaire, quel
que soit le nombre de ses actions, ne peut pas
avoir plus de dix voix. Dans cet article, le législateur a obéi à deux préoccupations contraires.
Pour ces assemblées annuelles, il redoute la présence des petits actionnaires qui, n'ayant qu'un
intérêt minime dans la société, seraient enclins à
l'engager dans des opérations aventureuses. Pour
les assemblées constitutives, au contraire, le législateur veut que tout actionnaire puisse y entrer,
il voit dans leur présence une garantie que les
apports seront soigneusement vérifiés et les dé-
clarations des fondateurs scrupuleusement exa-
minées.

La pensée du législateur est-elle juste ? Nous
croyons qu'il a beaucoup trop espéré de la

disposition qui nous occupe. A la première
assemblée, chacun est plein d'espérance et rempli
d'enthousiasme, on se garde bien de ne rien con-
tester ; ce n'est que quand les espérances ont été
déçues et que l'enthousiasme est tombé, qu'on
devient plus soupçonneux. On a critiqué le système de la loi sur l'inégale valeur attribuée aux
votes des actionnaires. Les partisans de l'égalité
des suffrages soutiennent que tous les actionnaires admis à l'assemblée sont censés avoir les
mêmes lumières, indépendamment du nombre
d'actions qu'ils possèdent ; qu'en conséquence,
on ne comprend pas la diversité de valeur attribuée aux votes. Les partisans du système opposé
s'appuient principalement sur cette considération,
que les actionnaires possesseurs d'un grand nombre d'actions ont un plus grand intérêt à la bonne
gestion de la chose sociale, et, partant de cette
idée, ils accordent aux actionnaires un vote dont
la valeur est proportionnée au nombre d'actions
par eux possédées. Quant à nous, nous pensons
que le législateur a obéi ici à la préoccupation
dont nous parlions tout à l'heure, il a redouté
l'influence des petits actionnaires sur la marche
de la société ; et il a voulu contrebalancer la majorité qu'on pouvait appeler *pécuniaire*, et qui
sera le partage des forts actionnaires. On retrouve
ici, sous une autre forme, la disposition du Code
de commerce qui n'admet le concordat, qu'autant qu'il réunit la majorité des votants et la majorité des créances ; les rédacteurs du Code de

commerce ont craint, eux aussi, que les petits créanciers n'accordassent trop facilement le concordat au débiteur.

L'article 28 édicte, dans son premier paragraphe, une disposition parfaitement inutile. Les délibérations, dit-il, sont prises à la majorité des voix. On ne comprendrait guère qu'il en fût autrement. Puis, il exige qu'on tienne une feuille de présence indiquant le nom et le domicile de chaque actionnaire, ainsi que le nombre d'actions dont chacun est porteur ; mais ne sanctionnant pas cette disposition, il s'ensuit qu'on peut n'en pas tenir compte. Cette feuille doit être certifiée par le bureau de l'assemblée, déposée au siége social et communiquée à tout requérant. La composition du bureau n'est pas indiquée par la loi ; de qui se composera-t-il donc ? Rien dans la loi ne permet de répondre à cette question. Quant à la communication à tout requérant, sans distinguer s'il est actionnaire ou non, elle est exorbitante et ne servira la plupat du temps qu'à satisfaire une vaine curiosité.

Les assemblées générales qui ont à délibérer dans des cas autres que ceux qui sont prévus par les art. 30 et 31, c'est-à-dire les assemblées ordinaires, doivent être composées d'un grand nombre d'actionnaires représentant le quart au moins du capital social.

Si l'assemblée ne réunit pas ce nombre, on en convoque une seconde qui délibère valablement quelle que soit la portion du capital repré-

sentée (art. 29). Cette disposition se comprend,
il ne faut pas que la négligence que certains actionnaires mettent à se rendre à l'assemblée générale, entrave le fonctionnement de la société.

Quand, au contraire, il s'agit d'une assemblée
dont la mission est de verifier les apports, de
nommer les premiers administrateurs et d'apprécier la déclaration faite par les fondateurs, aux
termes du paragraphe 2 de l'art. 24, les actionnaires doivent représenter la moitié du capital
social au moins, et on ne comprend pas dans cette
moitié les apports soumis à la vérification. Si
l'assemblée ne réunit pas la moitié du capital,
elle ne prend que des délibérations provisoires,
qui ne deviendront définitives qu'après avoir été
approuvées par une seconde assemblée, qui
devra être composée d'un nombre d'actionnaires
représentant le cinquième du capital social (article 30).

Les assemblées qui ont à délibérer sur des
modifications aux statuts, ou sur des propositions
de continuation de la société au-delà du terme
fixé pour sa durée, ou de dissolution avant ce
terme, ne sont régulièrement constituées et ne
délibèrent valablement, qu'autant qu'elles sont
composées d'un nombre d'actionnaires représentant au moins la moitié du capital social (art. 31).

Les assemblées extraordinaires, dont parle
notre article, ont une importance considérable ;
des décisions qui y sont prises peut dépendre
l'avenir de la société ; aussi, aurait-on été en

droit d'attendre de la part du législateur une
sollicitude particulière pour sauvegarder les intérêts de tous. Malheureusement, il n'en a pas
été ainsi, l'art. 31 se contente d'une assemblée
représentant la moitié du capital, d'où il suit
que le quart plus un des actionnaires peut décider du sort de tous. C'est une dérogation fâ-
cheuse aux principes généraux ; dérogation qui
se comprend moins ici que partout ailleurs.

Dans la discussion, un membre du corps législatif, prévoyant le cas où, vu la dispersion des
actions dans un grand nombre de mains, les
membres présents à l'assemblée ne pourraient
pas représenter la moitié du capital social, avait
proposé de compléter la majorité au moyen d'ad-
hésions recrutées parmi les autres actionnaires.

Ce système eut évité la difficulté à laquelle
plus d'une société pourra se heurter, mais n'ayant
pas été adopté par la chambre, nous ne pensons
pas qu'on puisse l'employer pour suppléer au
défaut de majorité.

Nous avons soigneusement examiné les différents pouvoirs nécessaires au fonctionnement
des sociétés anonymes, nous allons maintenant
étudier quelques dispositions relatives au prélèvement à faire sur les bénéfices et à la dissolution
de la société.

DISPOSITIONS GÉNÉRALES.

Il est fait annuellement, sur les bénéfices nets
un prélèvement d'un vingtième au moins, affecté

à la formation d'un fonds de réserve. Ce prélèvement cesse d'être obligatoire, lorsque le fonds
de réserve a atteint le dixième du capital social
(art. 36). La sagesse de cette disposition est évi-
dente, et les administrateurs ne sauraient veiller
avec trop de soin à ce qu'elle soit fidèlement exé-
cutée.

Le fonds de réserve est d'une grande utilité
pour toutes les sociétés, il permet à beaucoup
d'entreprises de traverser de mauvais jours sans
péricliter.

Il s'est élevé, sur notre article, une difficulté
d'interprétation, qu'il importe de ne pas passer
sous silence. Qu'entend la loi par ces mots : *bénéfices nets?* On a soutenu, et M. Mathieu, le rapporteur de la loi, est de cet avis, que par *bénéfices
nets*, il fallait entendre les bénéfices, déduction
faite des intérêts du capital social ; car, dit le rapporteur, le bon sens indique qu'il n'y a rien à
mettre en réserve tant que le capital social n'a
pas reçu une rémunération au moins égale à celle
qu'il trouverait si, ayant été prêté, il était ainsi
l'objet d'un placement ordinaire. Cette façon de
raisonner vient évidemment de l'oubli, de la part
du rapporteur, des règles fondamentales qui président au contrat passé entre l'actionnaire et la
société. Quand je prends des actions d'une société
commerciale, je n'effectue pas un prêt d'argent,
mais je réalise mon apport d'associé: or, un associé n'a pas droit à l'intérêt légal de son argent,

il n'a droit qu'à une part dans les bénéfices, s'il y en a.

Il ne faut donc tenir aucun compte des intérêts, pour calculer la somme qui doit entrer au fonds de réserve ; du moment où, il y a des bénéfices, un vingtième doit être mis en réserve, ou plus si les statuts le décident ainsi, car le législateur n'a fixé qu'un minimum.

C'est ici le moment de traiter, d'une manière plus complète que nous ne l'avons fait en parlant des sociétés en général, la question de savoir si, la clause qui décide que l'on distribuera des intérêts aux actionnaires, même en l'absence des bénéfices, est valable. On comprend que la solution de cette question dépend de la façon dont on a résolu la précédente. Quant à nous, nous pensons que cette clause n'est pas valable, et les arguments par lesquels nous avons combattu l'opinion de M. Mathieu au sujet des bénéfices nets, sont encore vrais ici. A cela s'ajoute encore cette considération, c'est que distribuer des intérêts en l'absence des bénéfices, revient à distribuer aux actionnaires leur capital ; c'est absolument la même opération que la distribution de dividendes fictifs, et nous ne comprenons pas que ce qui est défendu dans un cas soit licite dans un autre. On nous répondra à cela : ce que vous prohibez a été permis aux compagnies de chemin de fer. Je le reconnais, mais on ne l'a permis que pour un certain temps, et dans le but d'encourager les capitalistes à souscrire le capital de ces compagnies, ce qu'ils n'auraient peut-être fait qu'avec répugnance, si leur argent eût dû rester improductif jusqu'à la réalisation des premiers bénéfices.

C'est une exception qui se justifie fort bien, mais qu'il ne faudrait pas étendre.

En cas de perte des trois quarts du capital social, les administrateurs sont tenus de provoquer la réunion de l'assemblée générale de tous les actionnaires, à l'effet de statuer sur la question de savoir s'il y a lieu de provoquer la dissolution de la société. La résolution de l'assemblée est dans tous les cas rendue publique. A défaut par les administrateurs de réunir l'assemblée générale, comme dans les cas où cette assemblée n'aurait pu se constituer régulièrement, tout intéressé peut demander la dissolution de la société devant les tribunaux (art. 37).

Deux points ressortent du texte de l'art. 37 :

1° l'assemblée doit comprendre tous les actionnaires, même ceux qui n'ont pas le nombre d'actions nécessaires pour entrer à l'assemblée générale ordinaire ;

2° les voix doivent être comptées, comme le dit l'art. 27, § 2. Nous pensons, quoique la loi n'en dise rien, que l'assemblée doit comprendre un nombre d'actionnaires représentant au moins la moitié du capital social.

La dissolution peut être prononcée sur la demande de toute partie intéressée, lorsqu'un an s'est écoulé depuis l'époque où le nombre des associés est réduit à moins de sept (art. 38). En in-

sérant cet article dans la loi, le législateur a
voulu prévenir la fraude qui consisterait à former
une société anonyme, composée de deux ou trois
individus pour effectuer une opération et bénéfi-
cier ainsi de l'irresponsabilité attachée à la forme
anonyme. Les membres de cette prétendue société ne risqueraient que les capitaux engagés.
La sanction n'est pas très-efficace, elle permet
à la société de subsister pendant un an après que
le nombre de ses membres a été réduit au-dessous de sept ans, et elle laisse la dissolution à
l'arbitraire du juge.

En somme, elle rend la fraude possible pendant
une année et ne prononce aucune peine contre
les coupables.

DE LA NULLITÉ.

L'article 17 est applicable aux sociétés anonymes (art. 39). Nous avons expliqué cet article en
parlant des sociétés en commandite par actions,
ce que nous avons dit alors est encore vrai ici.

L'article 41 prononce la nullité de toute société
anonyme qui n'a pas observé les articles 22, 23,
24 et 25. Cette sanction se comprend pour les
articles 23, 24 et 25, mais l'hypothèse prévue par
l'article 22 ne donnera pas souvent lieu d'appliquer l'article 41. Il sera, en effet, assez rare de
voir une société dépourvue de toute administration, et ce fait se présenterait-il, il serait préfé-

rable de la pourvoir d'une administration que de la dissoudre. Quoique l'article dise que la société est nulle, il est évident que la nullité doit être demandée aux tribunaux ; mais le tribunal devra-t-il toujours la prononcer, si le fait est constant? La rédaction de l'article pourrait le faire croire ; cependant nous estimons que dans certains cas, le tribunal pourrait ne pas prononcer la nullité ; ainsi nous pensons que le tribunal ne devrait pas annuler une société qui aurait conféré à ses administrateurs un pouvoir excédant de six années, les pouvoirs seraient nuls pour le surplus du temps légal.

Lorsque la nullité de la société ou des *actes* et *délibérations* a été prononcée aux termes de l'article 41, les fondateurs auxquels la nullité est imputable et les administrateurs en fonctions, au moment où elle a été encourue, sont responsables solidairement envers les tiers, sans préjudice des droits des actionnaires. La même responsabilité solidaire peut être prononcée contre ceux des associés dont les apports ou les avantages n'auraient pas été vérifiés ou approuvés conformément à l'article 24 (art. 42).

Cet article contient une erreur de rédaction grave : en parlant de la nullité de la société prononcée par l'article 41, il ajoute : ou des *actes* et *délibérations;* c'est une erreur, car l'article 41 ne prononce point la nullité des actes ou délibérations; M. Mathieu avoue lui-même, que ces mots ont été insérés à tort dans l'article, nous croyons donc que le mieux est de n'en pas tenir compte.

Le législateur ne s'est pas contenté de régir les sociétés futures, il a voulu que les sociétés anonymes formées avant la loi et les sociétés à responsabilité limitée jouissent du bienfait de la loi nouvelle ; il leur permet donc de se transformer en sociétés anonymes, à la condition d'être, pour les premières, autorisées du gouvernement, et pour toutes deux, de se conformer aux conditions stipulées pour la modification de leurs statuts.

Les articles 31, 37 et 40 du Code de commerce et la loi du 23 mai 1863 sur les sociétés à responsabilité limitée sont abrogés.

DES SOCIÉTÉS A CAPITAL VARIABLE.

Ces sociétés, plus connues sous le nom de *sociétés coopératives*, quoique ne datant que de quelques années, se sont déjà multipliées en France, en Angleterre et en Allemagne. C'est en 1844, qu'elles prirent naissance en Angleterre avec les sociétés des pionniers de Rochedal. Cette société compta peu d'associés à son début et leur mise ne se composait pour chacun d'eux que de la modique somme de 31 centimes qu'ils versaient chaque semaine dans la caisse sociale. Elle vendit d'abord des denrées alimentaires, puis, à mesure que le nombre de ses associés s'accrut, elle étendit son commerce et en 1864 elle faisait pour

v   7

quatre millions d'affaires et possédait seize bou-
tiques.

Ces sociétés se proposèrent différents buts; en
Allemagne, beaucoup d'entre elles se mirent à
avancer des fonds aux ouvriers, c'est ce que nous
appelons aujourd'hui les *sociétés de crédit mutuel.*
En France, ce sont les associations de production
qui se sont le plus développées.

On comprend qu'un pareil mouvement d'association devait préoccuper le législateur, aussi,
profita-t-il de ce que des modifications devenues
indispensables dans la législation des commandites par actions et des sociétés anonymes, né-
cessitaient une nouvelle loi, pour y insérer un
titre spécial à la nouvelle forme d'association
qui venait de surgir.

Le Code de commerce, ainsi que les lois qui
l'ont modifié ne pouvait pas convenir aux sociétés
coopératives. Quand la société se constitue, il
faut publier les noms des associés et le montant
des apports; pendant le cours de la société, la
même publication est exigée pour tout changement ou retraite d'associés. On voit par là combien cette législation convenait peu aux sociétés
dont nous nous occupons; outre que les publications sont coûteuses par elle-mêmes, elles étaient
ruineuses pour les sociétés coopératives où le
personnel des associés change en quelque sorte
chaque jour.

Si nous passons maintenant aux divers types

de sociétés admis par notre Code, nous verrons qu'ils ne leur convenaient guère mieux.

La commandite donne au gérant trop de pouvoir et empêche complétement les autres associés de prendre part à la direction de la société. La société en nom collectif effrayait à cause de la solidarité qu'elle entraîne. Quant à la société anonyme, la nécessité de l'autorisation gouvernementale ne la mettait pas à la portée de ces humbles associations.

Le projet présenté par le Gouvernement, restreignait à certains objets la sphère d'action des sociétés coopératives. Sur les observations de la commission du Corps législatif, on supprima l'énumération limitative de l'article 51 du projet et on déclara qu'il serait loisible à tous, ouvriers ou non, de se servir des dispositions du titre troisième. On abandonna également le titre de sociétés coopératives pour le remplacer par celui de sociétés à capital variable. On peut donc dire que le législateur n'a pas créé une espèce particulière de sociétés, mais plutôt une modalité qui peut affecter aussi bien la société en nom collectif ou la commandite ordinaire que la société anonyme ou la commandite par actions. Nous allons maintenant entrer dans l'explication détaillée du titre III.

Il peut être stipulé, dans les statuts de toute société, que le capital social sera susceptible d'augmentation par des versements successifs faits

par les associés ou l'admission d'associés nouveaux et de diminution par la reprise totale ou
partielle des apports effectués.·

Les sociétés dont les statuts contiendront la
stipulation ci-dessus seront soumises ; indépendamment des règles générales qui leur sont propres suivant leur forme spéciale, aux dispositions
des articles suivants (art. 48).

La variabilité du capital social consacrée par
notre article existait déjà avant la loi de 1867
dans la pratique ; elle convient merveilleusement
aux sociétés dont nous nous occupons ; commen-
çant avec peu, il faut que le capital puisse s'accroî-
tre progressivement : composées d'un personnel
essentiellement nomade, ayant besoin aujourd'hui
de tout ou partie de l'argent qu'il a versé hier
dans la caisse de sociale, il faut que les retraits
de capitaux puissent s'effectuer sans difficulté.

Le capital social ne pourra être porté par les
statuts constitutifs de la société au-dessus de la
somme de deux cent mille francs. Il pourra être
augmenté par des délibérations de l'assemblée
générale, prises d'année en année ; chacune
des augmentations ne pourra être supérieure à
deux cent mille francs (art. 49).

On pourrait se demander la raison qui a poussé
le législateur à restreindre le capital primitif et
les augmentations successives dont il pouvait être
l'objet. La réponse est facile, le législateur a
craint, et avec raison, que des sociétés, jouissant
d'un capital considérable, ne voulussent se ran-

ger au nombre des sociétés à capital variable et se
donner ainsi la possibilité d'opérer à un moment
donné le retrait d'une partie du capital. Outre
les fraudes auxquelles cette faculté de retrait
eut pu donner lieu, il était à craindre qu'elle ne
diminuât le crédit des grandes sociétés ; mais là,
ne se borne pas l'utilité de la restriction imposée
au capital par la loi. On sait avec qu'elle facilité
l'agiotage se pratique à la naissance des sociétés,
on sait aussi avec quel soin, souvent excessif, le
législateur de 1867, a tenté de mettre les sociétés
par actions à l'abri de ce fléau ; la restriction du
capital primitif des sociétés à capital variable
empêchera l'agiotage. Cela ne vaut pas la peine,
en effet, il ne s'agit que de deux cent mille
francs ; la plupart du temps, les spéculations
auxquelles on pourrait se livrer, ne payeraient
pas les frais qu'elles auraient occasionnés.

Cette restriction n'entrava pas les sociétés,
comme on s'était plu à le dire, car l'expérience a
démontré, que peu ou point commençaient avec
un capital supérieur ou égal à deux cent mille
francs et que l'immense majorité avait un
capital de beaucoup inférieur.

Les actions ou coupons d'actions seront nominatifs, même après entière libération ; ils ne pourront être inférieurs à cinquante francs.

Ils ne seront négociables qu'après la constitution définitive de la société. La négociation ne
pourra avoir lieu que par voie de transfert sur les
registres de la société, et les statuts pourront

.donner, soit au conseil d'administration, soit à
l'assemblée générale, le droit de s'opposer au
.transfert (art. 50).

La division du capital en actions avait rencon-
tré au Corps législatif de nombreux adversaires ;
cette division, disaient-ils, n'est pas possible, car
les associés n'ont le plus souvent que des mises
très-inégales qui ne sont pas compatibles avec
l'égalité de coupure qui est le propre de l'action.

Nous admettons que les mises des associés
soient inégales, mais cela n'empêche pas la division en actions ; selon que l'associé aura effectué
une mise plus ou moins forte, la libération de
l'action sera plus ou moins avancée et il aura
droit à une part de bénéfices proportionnelle aux
versements par lui effectués.

Il ne fallait pas que l'introduction de l'action,
dans les sociétés à capital variable, devint une
source d'agiotage et de désordre on changeât le
caractère de ces sociétés, où *l'intuitus personœ*
doit dominer. C'est dans ce but que le législateur
décide que les actions ou coupons d'actions seront nominatifs, même après entière libération
et qu'ils ne seront négociables qu'après la constitution définitive de la société. Le législateur ne
veut pas non plus qu'on puisse introduire dans la
société des membres qui n'apporteraient ni l'esprit d'ordre, ni l'amour du travail, éléments au
moins aussi nécessaires à ces sociétés que le capital, c'est pourquoi, l'article 50 décide, qu'on
ne pourra négocier les actions que par la voie de

transfert sur les registres de la société, et que les statuts pourront donner au conseil d'administration ou à l'assemblée générale le droit de s'opposer à ce transfert ; ce qui ne veut pas dire qu'un associé pourra être tenu de rester dans la société malgré lui, mais que, si, son successeur n'est pas accepté par la société, il n'aura que le droit de se faire restituer son capital, sous les conditions énumérées dans l'article 52, que nous étudierons tout à l'heure. Partant de l'idée que les membres des sociétés à capital variable disposent de sommes fort modiques, le législateur fixe le taux minimum de l'action à cinquante francs et le troisième alinéa de l'article 51 n'exige pour la constitution définitive de la société que le versement du dixième, c'est-à-dire cinq francs ; et ce n'est pas ici comme dans les sociétés par actions ordinaires, où chaque actionnaire doit avoir verser le quart ; la loi exige le versement du dixième du capital, mais peu importe que quelques actionnaires aient versé plus du dixième, tandis que d'autres ont versé moins. Il résulte de là, qu'une société composée de sept membres peut se constituer avec 350 fr. de capital et marcher avec 35 francs.

Les dispositions que nous venons d'expliquer s'appliquent exclusivement aux sociétés à capital variable par actions ; celles dans l'étude desquelles nous allons entrer sont communes aux sociétés par actions ou non.

Nous avons vu que chaque associé pouvait retirer tout ou partie de sa mise, quand bon lui semblait. Cette disposition de faveur fort avantageuse pour les sociétés à capital variable, aurait pu devenir la cause de leur perte, si, la loi n'avait pas pris soin de réglementer l'exercice du retrait.

Les tiers, menacés à chaque instant de voir complétement disparaître le capital social, par suite des retraits effectués par les associés, auraient refusé de contracter avec la société, et elle aurait perdu par là même un grand moyen d'action, le crédit. L'article 51 a prévenu le mal en décidant que les statuts devront déterminer une somme, au-dessous de laquelle le capital ne pourra être réduit par les reprises des apports autorisées par l'article 48. Cette somme ne pourra être inférieure au dixième du capital social. De cette façon, les tiers sont assurés de ne pas voir leur gage leur échapper complétement.

Chaque associé pourra se retirer de la société, lorsqu'il le jugera convenable, à moins de conventions contraires et sauf l'application du paragraphe 1er de l'article 51 (art. 52, 1er alinéa). L'article 48 avait admis que chaque associé pouvait retirer sa mise, il avait décidé par là même que chacun pouvait sortir de la société quand il le voudrait; l'article 52 n'en est que la conséquence, mais il soumet la faculté de sortir de la société à deux conditions : 1° qu'il n'y ait pas de clause contraire dans les statuts; 2° que le capital ne soit pas réduit à la somme, au-dessous de laquelle aucun retrait n'est possible.

Le second paragraphe de l'article 52 prévoit le cas d'une retraite forcée; il donne à la société le droit d'insérer dans les statuts une clause qui permettra à l'assemblée générale d'exclure certains associés. Dans l'article 50, le législateur prenait des mesures pour empêcher les bons associés de se retirer; ici, il en prend pour expulser les mauvais.

Cette grave exception au droit commun se justifie par la nature des sociétés à capital variable, qui ont au moins un aussi grand besoin de l'habileté et de la bonne conduite de leurs membres que de leurs capitaux.

La loi n'a pas voulu que ces retraites volontaires ou forcées diminuassent par trop le gage des tiers; aussi, elle déclare les associés qui se retirent volontairement ou forcément tenus, pendant cinq ans, des obligations existantes au moment de leur retraite. L'intention du législateur est bonne; mais en pratique, comment pourra-t-on retrouver, au bout de deux ou trois ans, les associés qui ont quitté la société?

Il est à craindre que le recours accordé par notre article aux associés et aux créanciers ne soit peu efficace.

Beaucoup de sociétés coopératives avaient adopté la forme civile avant la loi de 1867 ; de là, de grandes difficultés, toutes les fois qu'elles voulaient plaider, il fallait que tous les membres figurassent personnellement dans l'instance, l'article 53 vient à leur secours, en permettant à leurs administrateurs de les représenter valablement en justice.

L'article 1865 du Code civil décide que la société finit par la mort, par la déconfiture, et, à plus forte raison, quoiqu'il n'en parle pas, par la faillite de l'un des associés. On comprend qu'une pareille règle appliquée à des sociétés comptant de nombreux associés, ait été leur arrêt de mort; l'article 84 déclare que la mort, la retraite, la faillite ou la déconfiture de l'un des associés ne mettent pas fin à la société.

DES MESURES DE PUBLICITÉ.

Le titre que nous allons étudier prescrit les mesures de publicité nécessaires, pour que les tiers qui contracteront avec la société sachent au juste quelles garanties elle présente.

Dans le mois de la constitution de toute société commerciale, un double de l'acte constitutif s'il est sous seing privé, ou une expédition s'il est notarié est déposé au greffe de la justice de paix et du Tribunal de commerce du lieu dans lequel est établi la société.

A l'acte constitutif des sociétés en commandite par actions et des sociétés anonymes, sont annexés : 1° une expédition de l'acte notarié constatant la souscription du capital social et le versement du quart; 2° une copie certifiée des délibérations prises par l'assemblée générale dans les cas prévus par les articles 4 et 24.

En outre, lorsque la société est anonyme, on doit annexer à l'acte constitutif la liste nominative dûment certifiée des souscripteurs, contenant les noms, prénoms, qualités, demeures, et le nombre d'actions de chacun d'eux (art. 55).

Dans le même délai d'un mois, un extrait de l'acte constitutif et des pièces annexées est publié dans l'un des journaux désignés pour recevoir les annonces légales.

Il sera justifié de l'insertion par un exemplaire du journal, certifié par l'imprimeur, légalisé par le maire et enregistré dans les trois mois de sa date. Les formalités décrites par l'article précédent et par le présent article seront observées à peine de nullité à l'égard des intéressés ; mais le défaut d'aucune d'elles ne pourra être opposé aux tiers par les associés (art. 56). Ce système de publicité, par la voie des journaux, que le législateur a réglementé avec tant de soin, je dirai même de minutie, ne produira pas tous les bons effets qu'il semble en attendre.

Cette publication, en effet, passera sous les yeux de fort peu de personnes, sera à peine remarquée, et partant, bien vite oubliée ; de plus, les recherches dans une collection de journaux, ne sont pas faciles, et on arrive bien difficilement, après quelques années, à retrouver la trace de cette publication, si le besoin s'en fait sentir.

L'extrait doit contenir les noms des associés,

autres que les actionnaires ou commanditaires;
la raison de commerce ou la dénomination adoptée par la société et l'indication du siége social ;
la désignation des associés autorisés à gérer,
administrer et signer pour la société ; le montant
du capital social et le montant des valeurs four-
nies ou à fournir par les actionnaires ou commanditaires ; l'époque où la société commence,
celle où elle doit finir, et la date du dépôt fait
aux greffes de la justice de paix et du tribunal de
commerce (art. 57).

L'extrait doit annoncer que la société est en
nom collectif ou en commandite simple, ou en
commandite par actions, ou anonyme, ou à capital variable. Si la société est anonyme, l'extrait
doit énoncer le montant du capital social en
numéraire et en autres objets, la quotité à préle-
ver sur les bénéfices pour composer le fonds de
réserve. Enfin, si la société est à capital variable,
l'extrait doit contenir l'indication de la somme
au-dessous de laquelle le capital social ne peut
être réduit. (art. 58.).

Si la société a plusieurs maisons de commerce
situées dans divers arrondissements, le dépôt
prescrit par l'art. 55, et la publication prescrite
par l'art. 56 ont lieu dans chacun des arrondissements où existent des maisons de commerce.
Dans les villes divisées en plusieurs arrondissements, le dépôt sera fait seulement au greffe de
la justice de paix du principal établissement(art.
59).

L'extrait des actes et pièces est signé, pour les actes publics, par le notaire, et, pour les actes sous seing privé, par les associés en nom collectif, par les gérants des sociétés en commandite, ou par les administrateurs des sociétés anonymes (art. 60).

Sont soumis aux formalités et aux pénalités prescrites par les articles 55 et 56, tous actes et délibérations ayant pour objet la modification des statuts, la continuation de la société au delà du terme fixé pour sa durée, la dissolution avant le terme et le mode de liquidation, tout changement ou retraite d'associés et tout changement à raison sociale.

Sont également soumises aux dispositions des art. 55 et 56 les délibérations prises dans les cas prévus par les art. 19, 37, 46, 47 ci-dessus (art. 61).

Ne sont pas assujettis aux formalités de dépôt et de publication, les actes constatant les augmentations et les diminutions du capital social opérées dans les termes de l'art. 48, ou les retraites d'associés autres que les gérants ou les administrateurs, qui auraient lieu conformément à l'art. 52 (art. 62).

Lorsqu'il s'agit d'une société en commandite par actions ou d'une société anonyme, toute personne a le droit de prendre communication des pièces déposées aux greffes de la justice de paix et du tribunal de commerce, ou même de s'en faire délivrer, à ses frais, expédition ou extrait par le greffier ou par le notaire détenteur de la minute.

Toute personne peut également exiger qu'il lui soit délivré au siége social une copie des statuts, moyennant payement d'une somme qui ne pourra excéder 1 franc.

Enfin, les pièces déposées doivent être affichées d'une manière apparente dans les bureaux de la société (art. 63).

La première disposition de notre article se comprend fort bien ; chacun sent combien il est utile qu'on puisse se procurer facilement une copie des pièces déposées à la justice de paix ou au tribunal de commerce, mais ce qui se comprend moins, c'est l'obligation imposée à une société de délivrer elle-même copie des pièces dont nous venons de parler, moyennant une rétribution dérisoire. Le législateur eût pu se dispenser d'ajouter les deux derniers paragraphes de notre article, le premier atteignait parfaitement le but.

Dans tous les actes, factures, annonces, publications, et autres documents, imprimés ou autographiés, émanés des sociétés anonymes ou des sociétés en commandite par actions, la dénomination *sociale* doit toujours être précédée ou suivie immédiatement de ces mots : *Société anonyme* ou *Société en commandite par actions* et de l'énonciation du capital social. Si la société a usé de la faculté accordée par l'art. 48, cette circonstance doit être mentionnée par l'addition de ces mots : à capital variable Toute contravention

aux dispositions qui précèdent est punie d'une
amende de 50 fr. à 1,000 fr. (art. 64).

Il pourra se présenter une hypothèse où l'article 67 créé pour éclairer les intéressés, contri-
buera au contraire à les tromper, c'est lorsque
le capital social aura été diminué, ce qui arrivera
souvent

Forcée par notre article, la société continuera
à annoncer au public un capital intact, alors
qu'en réalité, il est devenu de beaucoup inférieur
à ce qu'il était au commencement. Et à ce propos,
on peut faire une observation s'appliquant au
titre qui nous occupe ; le législateur y est entré
dans des détails souvent indignes de lui, et tout
son système de publicité si compliqué ne fait
connaître qu'une chose au public : l'état de la
société au moment de sa constitution ; quant à la
situation présente, elle est toujours inconnue pour
lui, et s'il veut arriver à se renseigner, il doit le
tenter par d'autres moyens que ceux que la loi a
mis à sa disposition.

Les associations de la nature des tontines et
les sociétés d'assurances sur la vie, mutuelles ou
à primes, restent soumises à l'autorisation et à la
surveillance du gouvernement.

Les autres sociétés d'assurances pourront se
former sans autorisation ; un règlement d'administration publique déterminera les conditions
sous lesquelles elles pourront être constituées
(art. 66.)

Il n'entre pas dans notre plan de traiter des

tontines ni des sociétés d'assurances ; nous nous contentons seulement de faire observer que la surveillance exercée sur les sociétés d'assurances, au dire de notre article, n'est pas organisée, c'est donc un mot que l'on peut sans danger retrancher du texte de la loi.

Quant au maintien de l'autorisation gouvernementale pour ces sociétés, il se justifie par la nature toute spéciale de lèurs opérations. Instruit par les abus qui ont signalé la naissance de ces associations, le législateur a sagement agi en les soumettant à l'autorisation du gouvernement.

Les sociétés d'assurances, désignées dans le paragraphe 2 de l'article précédent qui existent actuellement, pourront se placer sous le régime qui sera établi par le règlement d'administration publique, sans l'autorisation du gouvernement, en observant les formes et les conditions prescrites pour la modification de leurs statuts (art. 67).

POSITIONS.

DROIT ROMAIN.

I. Les sociétés, sauf quelques exceptions, ne formaient point en droit romain de personnes morales.

II. Les bénéfices se partagent et les pertes se subissent, à moins de convention contraire, par parts viriles.

III. L'associé industriel peut, par l'effet de la convention, prendre une part dans les bénéfices et n'en supporter aucune dans les pertes.

IV. L'associé qui a pris de l'argent dans la caisse sociale, doit à la société les intérêts de cet argent, ainsi que les dommages-intérêts, et cela, soit qu'il ait employé la somme à son usage personnel, soit qu'il l'ait placée.

DROIT COMMERCIAL.

I. Les créanciers personnels des associés ne peuvent pas opposer la nullité de la société aux créanciers sociaux.

II. La clause par laquelle on stipule dans les statuts d'une société par actions, qu'il sera distribué des intérêts aux actionnaires, même à défaut de bénéfices, est nulle.

8

III. Le fait de souscrire une action dans une société de commerce constitue un engagement commercial.

IV. L'action en répétition de dividendes est commerciale.

V. Dans le calcul du fonds de réserve prescrit par l'art. 36 de la loi du 24 juillet 1867, on ne doit pas tenir compte de l'intérêt légal de l'argent.

VI. Le changement de gérant dans une commandite par actions ne rend pas nécessaire la dissolution de la société.

VII. Si le capital n'était pas entièrement souscrit, la société ne pourrait se constituer qu'avec l'unanimité des actionnaires.

VIII. On doit se conformer aux statuts sociaux pour liquider la société annulée.

IX. Les bénéfices réalisés après un inventaire qui constate que le capital social est entamé, peuvent être distribués aux actionnaires.

Vu par le président de l'acte public,
doyen par intérim,
M. PERVINQUIÈRE.

Permis d'imprimer, pour le recteur empêché,
L'INSPECTEUR D'ACADÉMIE DÉLÉGUÉ,
G. BAILLART.

À Poitiers, 12 juillet 1875.

Paris.—Imprimerie de E. DONNAUD, rue Cassette, 9.

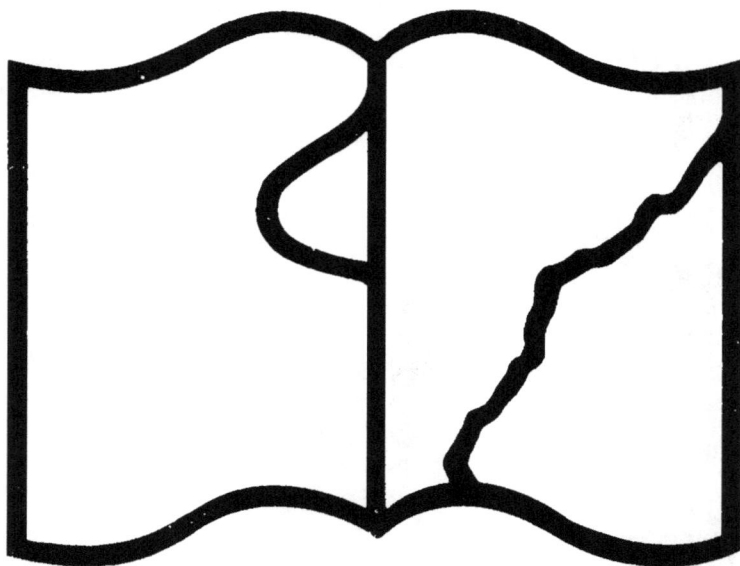

Texte détérioré — reliure défectueuse

NF Z 43-120-11

www.ingramcontent.com/pod-product-compliance
Lightning Source LLC
Chambersburg PA
CBHW032323210326
41519CB00058B/5379